주석 대종경 선외록
大宗經 選外錄

주석
대종경 선외록

편저 범산 이공전 ─ 주석 서문 성

원불교출판사

서序

  이 책은 필자가 『원불교전서』 발간을 끝으로 20년의 정화사 과업을 완결한 3개월 후인 원기63년 1월부터 이듬해 11월까지 『원불교신보』에 연재한 바 있는 대종경 선외選外의 자료집이다. 연재하는 동안 각계의 반향이 예상 밖으로 컸고, 끝난 후에는 간행을 권고하는 교단 안팎의 소리가 줄곧 드높아 두 가지 부록을 곁들여 늦은 대로 서둘러 이 책을 낸다.

  부록 첫째 「교단수난장教團受難章」은 원기65년 가을 교무훈련 때 필자가 게재한 것이고, 부록 둘째 「친저 가사편親著歌詞篇」은 몇 해 전 교화부가 엮어 펴낸 것을 그대로 실은 것이다.

  게재를 끝내며 언급하였던 「묵산수기黙山手記」와 「종화대강宗化大綱」은 그 후 다행히 수습되었으나, 이의 정리 촬요撮要는 더 새롭게 수집된 자료들과 함께 후인들의 일거리로 미루어 둔다.

원기67년 9월 26일 봉래산에서 이공전

○ 일러두기

1. 자료의 선택은 원초안原草案·정초안淨草案·1차 정고淨稿·2차 정고·초자문판·재자문판의 순으로 가급적 원초안에서 선외選外된 부분을 채택하였다.
2. 위 모든 자료 중 대종경에는 분명히 선외된 건件이나 교고총간敎故叢刊에 수록된 각 자료에 원안이 공표되어 있는 건은 일체 채택지 않았다.
3. 선외 자료 중 같은 건으로서 각각 특색 있게 기록된 것은 신약新約의 공관복음共觀福音 식으로 중복 채택을 서슴지 않았다.
4. 전체의 건으로는 대종경에 촬요되었으나 부분적 생략된 것은 손닿는 대로 거의 다 재현하여 기념하였다.

주석자의 변辨

출가 전에 『대종경 선외록』을 접했다. 그때는 『대종경』보다 쉽고 재미있다는 생각 정도였다. 출가를 하고 영산선원에서 수학하면서 봉독할 때도 출가 전의 느낌과 별반 다를 바 없었다. 그러나 코끼리 다리 만지듯 대종사님의 인간적인 면모를 조금은 만날 수 있었던 것 같다. 그 후 변산성지에 있는 변산원광선원에서 근무할 당시 모시던 원장님이 『대종경 선외록』을 펴내신 범산 이공전 종사님이기에 더욱 관심이 갔다. 몇 번 더 봉독할 때는 지금까지와는 달리 법문 한 구절 한 구절을 가슴에 모실 수 있었다.

교화현장에 살면서 1년에 한 번씩 교도님들과 1개월 정진기도를 올리며 법문봉독 교재로 『대종경 선외록』을 택하였다. 그리하여 법문을 봉독하기에 보다 수월하도록 글씨 크기를 키우고 다시 편집하여 교도님들과 두 번을 더 봉독하였다. 교도님들은 새롭게 다가오는 법문에 감탄하고 때론 눈물까지 글썽였는

데 정작 저는 어쩐 일인지 과거에 어렵게 여겨지지 않았던 법문들이 때로는 벽처럼 막혀 옴을 느꼈다. 그 답답함을 풀고자 초학자로 돌아가 다양한 사전과 검증된 자료들을 찾아가며 몇 개월간 공부하였다. 그 과정에서 힘든 면도 있었지만 참으로 행복하였다. 행복했던 몇 개월의 시간여행을 일단락하고 하나의 덤으로 주석서를 책으로 펴내게 되었다.

책을 펴내게 된 또 다른 이유는 『대종경 선외록』이 출판된 지 40여 년이 되어가고, 세로쓰기 편집이라 오늘날 봉독하기에 다소 어려움이 있어 소중한 대종사님의 법문을 한 사람이라도 더 접했으면 하는 마음에서이다.

주석 『대종경 선외록』은 교단의 공식적인 주석서가 아님을 밝혀둔다. 초학자가 공부한 내용이라 부족한 점이 많이 있으리라 생각된다. 혹여 오류가 있다면 수석사의 부족함과 어리석음이기에 지도편달을 부탁하고 싶다.

끝으로 누군가 대종사님과 깊은 인연을 맺는 데 있어서 작은 기연이라도 되었으면 하는 바람도 없지 않다.

원기102년 6월
무등산 아래 우석당愚石堂에서 서문 성

○ 일러두기

1. 시대의 변천으로 어법에 맞지 않는 표현과 오자, 띄어쓰기는 문장의 뜻과 구조에 지장이 없는 범위 내에서 약간 수정하였다.
2. 각 장의 단어는 각 장에서 맨 처음 나올 때만 풀이하였다.
3. 주석을 달 때 한자가 있는 때에는 그대로, 없는 때에는 한자를 넣어서 주석을 달았다.
4. 주석하는 기준은 일반적으로 법문을 봉독하고 이해하는 데 도움이 될 수 있는 단어를 기준으로 하였다.
5. 주석의 문장에서 객관적 표현과 종교적 표현을 상황에 따라 함께 적었다.
6. 원기를 표현할 때는 서기를 괄호( )로 하여 함께 적었다.
7. 원불교 교조인 소태산 박중빈 대종사는 '대종사'로 약칭하였고, 정산 송규 종사, 혹은 정산 송규 종법사를 '정산 종사', 대산 김대거 종사를 '대산 종사'로 약칭하였으며 다른 인물도 위의 예를 따랐다.
8. 원문에 '경성'과 '서울'을 혼재하여 사용된 것을 '서울'로 통일하였다.
9. 부록 「대종사 가사편」에는 주석을 달지 않았다.
10. 각 장의 등장인물은 책의 부록에 주석을 붙여놓았다.

○ 『대종경 선외록大宗經選外錄』

범산 이공전 종사가 원기67(1982)년 원불교출판사에서 발행한 『대종경』 선외外錄의 법문집이다.

『대종경』 편수 당시 정산 송규 종법사가 "선택에서 제외된 자료들과 아직 수집 못한 자료들은 후일에 『가어家語, 공자가어』처럼 엮어 전하라."고 부촉한 말씀을 받들어, 교서편수기관 정화사正化社의 사무장이었던 범산 종사가 『대종경』 선외選外의 초고 내용을 원기63(1978)년 1월부터 이듬해 11월까지 『원불교신보』 지상에 연재하였다. 연재하였던 법문을 책으로 엮으면서 원기65(1980)년 가을 교무훈련 때 범산 종사의 사회로 진행된 상산 박장식 종사와 붕산 황이천의 대담 '일정 하日政下의 교단수난사'를 『원불교신보』가 정리 게재한 내용을 「교단수난장」에 추가하고, 교화부가 엮어 펴낸 『대종사 가사집』을 부록으로 하여 원불교 제법성지에 있는 변산원광선원장으로 근무하며 발행하였다.

○ 소태산 박중빈 대종사少太山朴重彬大宗師, 1891~1943

원불교의 교조를 '소태산 박중빈 대종사'라 호칭한다. 대종사를 이름 그대로 '박중빈'이라고도 하며, '소태산 박중빈' 또는 '원각성존 소태산 박중빈 대종사(이하 대종사라 약칭함)'라고도 부른다. 그러나 대다수의 원불교인은 '대종사大宗師'라는 존칭으로 부른다. '대종사'란 이 세상 모든 생령들의 가장 큰 스승이라는 의미이다.

대종사는 전라남도 영광군 백수읍 길룡리에서 부친 박성삼朴成三 공과, 모친 유정천劉定天 여사의 3남으로 1891년 5월 5일 태어났다.

가난한 산골에서 농민의 아들로 태어난 대종사는, 7세경부터 우주 자연의 현상에 대해 의심을 시작하여 9세경부터는 인생의 모든 일에 대해서 의심을 일으켜, 이를 깨치기 위해 구도 생활을 시작하였다. 마침내 20여 년의 구도 생활 끝에 26세 되던 1916년 4월 28일, 동녘 하늘이 밝아오는 것을 보고 우주와 인생의 진리를 깨치게 되었다.

스승의 지도 없이 스스로 진리를 깨달은 대종사는 여러 종교의 경전을 두루 열람하고, 석가모니불을 연원불로 하여 불법을 주체 삼아 원불교의 교문을 열었다. 처음 9인의 제자를 얻어 저축조합운동·방언공사·법인기도 등으로 교단 창립의 터전을 닦고, 전라북도 부안 변산으로 들어가 봉래정사에서 교리와 제도를 구상하였다.

원기9(1924)년 전라북도 익산에 총부를 건설한 후 일제의 탄압 속에서 교화·교육·자선의 기관들을 설치하고 제자들을 훈련으로 지도하며 법을 전하다가 원기28(1943)년 6월 1일, 53세로 열반하였다.

차례

서序 004
주석자의 변辨 006

1. 실시위덕장 實示威德章 013
대종사 색신의 모습과 덕화와 위엄이 겸전한 성자로서 풍모를 표현한 내용이다.

2. 유시계후장 遺示啓後章 021
대종사 열반을 준비하며 대중들에게 당부한 내용과 교단의 장래를 위하여 전해준 내용이다.

3. 구도고행장 求道苦行章 037
대종사 깨달음을 얻기 위해 구도하던 당시, 스승을 찾지 못해 고행한 편편의 내용이다.

4. 초도이적장 初度異蹟章 043
대종사 구도 당시의 이적과 깨달음을 얻은 후 초기에 방편상 보인 이적의 내용이다.

5. 사제제우장 師弟際遇章 053
대종사가 깨달음을 얻은 후 9인의 제자들과 초기교단의 제자들이 귀의하는 기연의 내용이다.

6. 인연과보장 因緣果報章 065
현재의 인연과보에 대한 원인과 인과를 함부로 해석해서는 안 됨을 일깨워준 내용이다.

7. 교화기연장 敎化機緣章 071
제자들의 출가 기연과 그들의 특성을 통하여 후대에 모법이 될 점을 밝혀준 내용이다.

8. 일심적공장 一心積功章 079
깨달음을 얻기 위해서는 오롯한 마음으로 오래오래 정진해야 함을 일깨워준 내용이다.

9. 영보도국장 靈寶道局章 091
국한 없는 불보살들과 작고 좁은 중생들의 차이점과 수도인이 경계해야 할 내용이다.

10. 도운개벽장 道運開闢章 103
과거 어두운 선천과 달리 돌아오는 밝은 후천시대에는 정법이라야 영원히 전해진다는 내용이다.

11. 제생의세장 濟生醫世章　　　　　　　　　　　　113
중생들이 사는 세상의 병증을 진단하고 치료법을 제시하며 구세성자의 역할에 대한 내용이다.

12. 은족법족장 恩族法族章　　　　　　　　　　　　123
대종사와 은부자녀의 결의를 맺은 제자들에 대한 훈시와 법은 신성으로 구해야 함을 일러준 내용이다.

13. 불조동사장 佛祖同事章　　　　　　　　　　　　133
한없는 세상에 한없는 불공을 올린 부처와 조사들을 본받아 불조와 같은 일을 하자는 내용이다.

14. 주세불지장 主世佛地章　　　　　　　　　　　　141
주세불의 공덕과 큰 회상이 열릴 때 길잡이 하는 도인들의 역할과 해탈 공부에 대한 내용이다.

15. 생사인과장 生死因果章　　　　　　　　　　　　147
최후일념과 서원일념의 중요성과 돌아오는 시대의 인과는 빠르다는 내용이다.

16. 변별대체장 辨別大體章　　　　　　　　　　　　155
신앙인은 바른 믿음과 바른 신앙계통을 가져야 하며, 중근의 위태함을 경계한 내용이다.

17. 선원수훈장 禪院垂訓章　　　　　　　　　　　　161
선원에 입선한 제자들에게 불법을 구하는 데에 있어서 필요한 자세와 방법을 일러준 내용이다.

18. 자초지종장 自初至終章　　　　　　　　　　　　175
정산 종사와 만남, 그리고 제자들의 공부를 독려하며 공부실적에 대한 내용이다.

19. 요언법훈장 要言法訓章　　　　　　　　　　　　181
단편적인 문장으로 사람이 세상을 살아가는 데 도움이 되고 교훈이 되는 긴요한 법문이다.

20. 원시반본장 原始反本章　　　　　　　　　　　　193
이 회상은 큰 운수를 가진 새로운 시대의 회상으로 혈심제자가 한없이 나올 것이라는 내용이다.

21. 교단수난장 敎團受難章　　　　　　　　　　　　211
교단과 대종사에 대한 일제의 탄압과 대종사 열반 후까지도 일제가 경계한 내용이다.

22. 최종선외장 最終選外章　　　　　　　　　　　　229
『대종경』 편찬에 빠진 법문을 『대종경 선외록』으로 엮으며 21장으로 나눈 법문 이외의 내용이다.

〈부록〉 대종사 가사편 大宗師歌詞篇　　　　　　　236
　　　　인물 주석　　　　　　　　　　　　　　　267

소태산 대종사(1891~1943) 표준진영 / 원기16(1931)년 서울에서

01

실시위덕장
實 示 威 德 章

실시위덕장(實示威德章)
대종사 색신의 모습과 덕화와 위엄이 겸전한 성자로서 풍모를 표현한 내용이다.

1. 대종사, 신장身長은 **5척6촌** 가량 되시고, 체중은 **150근** 가량 되시며 **전신**의 상하좌우가 고루 골라 맞으셔서 어느 쪽에서 뵈어도 다 원만하고 거룩하시었다. 걸음은 **우보**牛步로 뚜벅뚜벅 걸으시며, 급하시거나 한가하시거나 오래 걸으시거나 잠깐 걸으시거나 항상 같은 **보조**로 걸으시었다.

2. **어성**語聲은 **금성**金聲에 약간 **목성**木聲이 섞였고, 평상시에는 목성 같으시나 설법하실 때에는 금성이 많이 되셔서 **시방삼계 일체중생**에게 고루 듣게 하시는 것 같았으며, 말씀은 드물게 하시되 한 마디라도 하시는 말씀은 전부 법설이셨다.

3. 전면 **상궁**上宮에는 뚜렷한 **원일훈**圓日暈의 **백호**白毫 광명이 **상조**常照

5척6촌 170여㎝. 1척(30.3cm), 1촌(3.03cm). 실지 대종사의 키는 175여㎝ 정도로 추정함.
150근 90kg. 1근(600g).
전신全身 몸의 전체.
우보牛步 소의 걸음과 같은 느린 걸음.
보조步調 걸음걸이의 속도나 모양 따위의 상태.
어성語聲 말하는 소리.
금성金聲 쇠에서 나는 소리. 관상에서, 사람의 음성을 오행(五行)으로 나누어 그중 금(金)에 해당하는 소리.
목성木聲 목이 쉰 소리. 오행의 음성 가운데, 목(木)에 해당하는 소리.
시방삼계十方三界 우주 전체를 표현하는 말. 시방은 온 우주의 공간적인 표현. 삼계는 욕계·색계·무색계로 중생들이 윤회하는 세계.
일체중생一切衆生 이 우주 안에 있는 모든 생명. 모든 사람. 깨치지 못한 범부중생.
상궁上宮 머리. 머리 위.
원일훈圓日暈 해의 둘레에 둥글게 나타나는 흰빛의 둥근 테(둥근 햇무리와 같은).

하시어, **범상**한 사람이라도 한번 뵈오면 믿음을 발하게 하시었으며, 얼굴은 보름달 같으시어 그 원만하심과 광명하심을 누가 따를 수 없었고, 빛은 **자금색**紫金色이시었으며, 얼굴뿐 아니라 전신에서 항상 광명을 비쳐주시었다.

4. 두상頭上은 **사방**이 고르시나 원圓으로 판을 짜 놓으시고, **안광**眼光은 맑고 **자색**을 가지시되 궁굴리시면서 혹 **노기**怒氣를 띠시면 감히 그 안전에 설 사람이 없었다. 그러나 평상시에는 남녀노소가 다 그 **자비안**慈悲眼에서 위안을 받고 살게 하여 주시었다.

5. 치아齒牙는 희되 좀 푸른빛을 띠고, 두 손 다 **막금**이요 약간 잔금이 있었으며, 발은 두 발 다 발바닥이 평평하시므로 많은 길을 걷지 못하시었다.

백호광명白毫光明 백호는 부처의 두 눈썹 사이에 있는 희고 빛나는 가는 터럭. 이 광명이 모든 국토와 세계를 끊임없이 비추고 있는 밝고 환한 빛.
상조常照 항상 비춤.
범상凡常 중요하게 여길 만하지 아니하고 예사롭게.
자금색紫金色 자줏빛으로 부처님의 몸 빛깔을 상징.
사방四方 모든 곳 또는 여러 곳. 동쪽, 서쪽, 남쪽, 북쪽의 네 방위.
안광眼光 눈에 서려있는 기운. 사물을 꿰뚫어 보는 힘.
자색紫色 자주색(빨강과 파랑의 중간 색깔).
노기怒氣 노한 얼굴빛. 또는 그 기세.
안전眼前 눈앞. 아주 가까운 거리.
자비안慈悲眼 중생을 사랑하고 가엾게 여기는 부처님의 눈.
막금 일자 손금이라고도 함.

6. 소변은 보통으로 보시고, 대변은 좀 더디 보시며, 일상 동작하심은 앉고 서고 걷고 혹 눕는 것이 고르시며, 주무시는 것은 항상 반듯하게 누워 주무시되 수면시간은 보통으로 하시었다.

7. 잡수시는 것은 **체량**體量에 비하여 좀 적으시나 **담식**淡食을 좋아하시고 **오미**五味를 고르게 취하시나 좀 싱겁게 잡수셨으며, 일상 대중과 같이 잡수시기를 좋아하시되 밥 한 알을 금 한 알같이 귀중히 여기시고 특별히 **정하게** 잡수시어 반찬이나 숭늉 남은 것에 밥알 한 알이 들지 아니하게 하시었다.

8. 성질은 **범인**으로서는 **측량**하지 못할 일이나 외면으로 **배찰**拜察하면 **평상심**平常心을 쓰시되 **열과 성**이 전체가 되시는 것 같았고, 불행한 일이 있으면 간절히 염려하여 주시었으며, **완급**이 골라 맞으시나 급한 편이 좀 승하시고, **희로애락**이 골라 맞으시나 희로애락을 쓰고 나시면

체량體量 몸무게.
담식淡食 담백한 음식을 즐겨 먹음.
오미五味 입안에서 느껴지는 다섯 가지 맛. 즉 단맛, 짠맛, 신맛, 쓴맛, 매운맛.
정하게淨-- 깨끗하고 온전하게.
범인凡人 평범한 사람.
측량測量 생각하여 헤아림.
배찰拜察 삼가 헤아려 살핌.
평상심平常心 평등하고 떳떳한 마음. 차별과 집착이 없이 담담하고 한결같은 마음.
열熱 열성 또는 열의(熱意).
성誠 정성.
완급緩急 일의 급함과 급하지 않음.

반드시 법이 되어서 대중에게 유익을 주시었다.

9. 낮에는 무슨 일이든지 하시되 무료히 계신 때가 없으셨으며, 혹 아침저녁 조용한 틈에는 **훈계**할 제자들을 부르시어 혹은 **엄교**嚴敎도 하시고 혹은 순순히 타일러 주시기도 하였다.

10. 머리털은 예외로 뼈세었으나 40세 되시면서 부터 빠지기 시작하여 53세 되시던 때에는 거의 다 빠져 두상이 더욱 환하시었다.

11. 살성은 특별히 부드럽고 윤활하시나 피부에 탈이 나면 잘 낫지 아니하시었으며, **단전**丹田에는 작은 **주발** 뚜껑 하나 엎어 놓은 것같이 불룩한 언덕이 져 있었다.

12. 수용은 지극히 검소하시어 종잇조각 하나 노끈 하나라도 함부로 아니하시며, '물건은 있다고 함부로 쓰면 물건 귀한 땅에 난다.'라고 훈계하시었다.

희로애락喜怒哀樂 기쁨과 노여움과 슬픔과 즐거움.
훈계訓戒 잘못하지 않도록 타일러 주의시킴.
엄교嚴敎 엄중하고 위엄 있는 가르침.
살성 살갗의 성질.
단전丹田 사람의 배꼽 아래로 한 치 다섯 푼쯤 되는 곳(1치는 3.03cm, 1푼은 1치의 10분의 1).
주발周鉢 놋쇠로 만든 밥그릇.
수용收用 물건을 거두어들여 사용함.

13. **심성**은 **하해**같이 깊고 활달하시고 **태산**같이 크고 무거우시나 인심의 **기미**를 통찰하시기는 빠르게 하시었으며, **근력**은 보통에 벗어나게 세시었으나 그 힘을 써 보신 적은 없으시고 **득도**하시기 전에는 술을 한두 동이 잡수셔도 취기가 조금도 없으시었다고 한다.

14. **외인** 교제에는 특히 **겸양**하시고 다습게 대하시었으나 외인들은 **거개** 무섭게 뵈옵고 '저 어른이 곧 영웅이 아니시냐.'라고 말하였으며 **교도**들은 거개 다습게 뵈옵고 '자애로운 어머님 같으시다.'라고 말하였다.

15. 말씀은 항시 실생활에 연결되는 **실담**實談을 하셨고 **형이상학**形而上學에 흐르는 **고원**한 말씀을 하지 아니하시었으며, 제자들에게 **공리공론**을 매양 크게 경계하시었다.

심성心性 본래부터 타고난 마음씨.
하해河海 강과 바다라는 뜻으로, 넓고 깊음을 비유적으로 이르는 말.
태산泰山 퍽 높고 큰 산.
기미機微 느낌으로 알아차릴 수 있는, 일이나 상황의 되어 가는 형편.
근력筋力 몸을 놀리고 활동하는 기운과 힘.
득도得道 진리를 깨닫는 것. 오묘한 이치를 깨달음.
외인外人 집안이나 단체 등의 동아리 밖에 있는 사람.
겸양謙讓 자기를 내세우거나 자랑하지 않는 태도로 남에게 양보하거나 사양함.
거개擧皆 거의 대부분.
교도敎徒 원불교에 소정의 절차를 밟아 입교하고 법명을 받은 사람.
실담實談 거짓이 없는 진실한 말.
형이상학形而上學 사물의 본질이나 존재의 근본 원리를 생각하고, 직관(直觀)을 통해 연구하는 학문.
고원高遠 높고 멀다. 품은 뜻이나 이상이 높고 원대함.
공리공론空理空論 아무 소용이 없는 헛된 이론이나 논의.

16. 덕화와 위엄이 겸전하시어 멀리서 계시는 곳만 생각하여도 더운 기운이 돌았고, 한때라도 모시고 있으면 그 훈기薰氣에 추운 줄을 몰랐으며, 제자나 외인을 막론하고 조그마한 사심이라도 품고는 떨려서 감히 그 앞에 서지 못할 천지의 정기正氣를 가지셨다.

17. 득도하신 이후로는 건강하신 편이었으나, 자신의 생명수를 중생을 위하여 아끼지 아니하셨기 때문에 혹 상기증上氣症과 안질眼疾을 보이셨으며, 삼십이 넘으셔서는 뒷머리 목 근처에 습종濕腫을 보이시어 십여 년간 고생하시더니 사십이 넘으셔서는 완쾌되시었다.

18. 그러나 천지가 무심함인가. 중생들로 하여금 부처님을 오래오래 더 모시지 못하게 하고 53세 6월 1일 열반상을 나투시었다.

덕화德化 덕행으로써 사람들을 교화시키는 것.
겸전兼全 여러 가지를 완전하게 갖춤.
훈기薰氣 훈훈한 기운.
사심邪心 도리에 어긋난 간사스러운 마음.
천지의 정기天地-正氣 천지의 으뜸 되는 바른 기운.
생명수生命壽 생명이 살아있는 기간.
중생衆生 생명을 가진 모든 것들.
상기증上氣症 더운 기운이 위로 오르는 현상.
안질眼疾 '눈병'을 전문적으로 이르는 말.
습종濕腫 부스럼의 하나.
부처님 여기에서는 대종사를 뜻함.
열반상涅槃相 열반한 모습. 불보살이 열반의 모습을 중생들에게 나타내 보인 모습.

19. 이 **무명** 중생으로서 어찌 부처님의 일대 **전모**를 감히 다 사뢸 수 있으리오마는 **불후**佛後 **박복** 중생들의 뵈옵고 싶은 마음을 약간이라도 풀어 주고 또는 먼 후일까지라도 길이길이 부처님을 **사모**하여 **제도**를 받게 하고자, 그 백 분의 하나 만 분의 하나를 여기 기록하였으나, 이제 다시 그 **위덕**威德을 기어이 **형상**으로써 뵈옵고 싶은 이가 있다고 한다면, 곧 한 말씀으로써 '각 사찰의 **미륵불상**을 뵈오라.'고 말할 것이다.

무명無明 근본적인 어두움. 깨닫지 못한 데에서 비롯한 어리석음.
전모全貌 전체의 모습.
불후佛後 부처님 떠나신 후.
박복薄福 복이 별로 없음.
사모思慕 마음에 두고 애틋하게 생각하며 그리워함.
제도濟度 구원. 구제.
위덕威德 위엄과 덕망.
형상形像 사물의 생긴 모양이나 상태.
미륵불상彌勒佛像 석가모니불에 이어 중생을 구제할 미래의 부처 형상.

유시계후장
遺 示 啓 後 章

02

유시계후장(遺示啓後章)
대종사 열반을 준비하며 대중들에게 당부한 내용과 교단의 장래를 위하여 전해준 내용이다.

1. 대종사 열반 3년 전부터 은밀히 열반의 준비를 하시며 대중에게 말씀하시기를 "나는 떠날 때 바쁘게 **봇짐**을 챙기지 아니하고 미리부터 여유 있게 짐을 챙기리라."고 하시었고, **게송**偈頌을 지어 대중에게 내려 주시면서도 "나는 이 게송도 한두 사람에게만 가만히 전해 주지 아니하고 이렇게 여러 사람이 고루 받아 가게 지어 주노니 그대들은 누구든지 다 잘 받아가라."고 하시며 "모르는 것이 있으면 유감없이 물어 두라."고 까지 하셨건마는 대중은 말씀 뜻을 미처 알지 못하였다.

2. 열반 당년 4월 **총회**를 보시고, 각 지방 교도들에게 부탁하실 만한 말씀은 다 부탁하셨고, 5월에는 지도급에 있는 3~40명에게 일일이 새 **법복**을 지어 주시면서 **부촉**하실 일은 **유감**없이 다 부촉하여 주셨건마는 대중은 또한 그 뜻을 짐작하지 못하였다.

3. 대종사 열반에 드시니 대중은 **망극**한 중에도 "어느 때나 부처님의

봇짐楾- 등에 지기 위하여 물건을 보자기에 싸서 꾸린 짐. 여기에서는 열반 준비를 말함.
게송偈頌 깨달은 진리를 요약·표현해서 후학(제자)들에게 법을 전해준 것. 대종사는 원기26년 1월 대중에게 "유(有)는 무(無)로 무는 유로 돌고 돌아 지극(至極)하면 유와 무가 구공(俱空)이나 구공 역시 구족(具足)이라."고 게송을 전하였다.
열반 당년當年 대종사 열반한 원기28(1943)년 바로 그 해.
총회總會 매년 정기적으로 열리는 총회.
법복法服 원불교 교복(敎服)의 다른 말로 각종 의식행사를 진행할 때 입는 교단적 예복.
부촉付·附囑 가르침을 후세에 잘 전하도록 부탁하고 위촉하는 것.
유감遺憾 마음에 차지 아니하여 섭섭하거나 불만스럽게 남아 있는 느낌.
망극罔極 한이 없는 큰 슬픔.

뒤를 다 따라다니지는 못하는 것이니 각자가 모두 **각성**하여 대종사의 정신이나 **가일층** 챙기자."라고 다짐하였다. 이때 대종사 두 가지 크신 위력을 대중에게 보여주시니 그 하나는, 그 여름 더위에 5일간을 수십 명이 **유체**遺體를 모시고 둘러앉아 지내었건마는 **시신**屍身에 조금도 변화가 생기지 않으시고 반쯤 웃으시는 상相으로 **선정**에 드신 것처럼 계셨던 것이며, 그 둘은 열반 제3일 되던 날 밤에 각처에서 **운집**하는 교도들에게 **대방광**大放光으로 크신 광명을 십 리 밖 **이리**裡里까지 비춰 주시사 당신의 **법등**法燈이 꺼지지 아니하고 **연면**連綿히 **계승**될 것을 묵묵히 보여주셨다.

4. 대종사의 생애는 지극히 순박하시고 **실질주의**시고 **전체주의**시고

각성覺醒 깨어 정신을 차림.
가일층加一層 정도 따위가 한층 더함.
유체遺體 '시체(송장)'를 달리 이르는 말.
시신屍身 '시체(송장)'를 점잖게 이르는 말.
선정禪定 일체의 번뇌 망상이 끊어진 본래 마음에 머묾.
운집雲集 구름처럼 모인다는 뜻으로, 많은 사람들이 모여듦을 비유적으로 이르는 말.
대방광大放光 큰 빛을 밖으로 내보냄. 부처가 큰 광명의 빛을 냄.
이리裡里 전라북도 익산군에 속해 있던 읍의 이름.
법등法燈 진리의 등불, 지혜의 등불.
연면連綿 오랫동안 이어짐.
계승繼承 선대의 업적, 유산, 전통, 지위 따위를 물려받아 이어 나감.
실질주의實質主義 지나치게 형식에 얽매이지 않고 본바탕이나 내용을 중히 여기는 견해나 경향.
전체주의全體主義 개인의 모든 활동은 민족·국가·인류와 같은 전체의 존립과 발전을 위하여서만 존재한다는 이념.

공도주의시며, **일념 어묵** 일순간이라도 **사**私를 말씀하시거나 사를 생각하신 적이 없으시고 오직 **지공무사**至公無私하시고 **위법망구**爲法忘軀하신 열과 성을 다하사 친히 **대도**를 **천명**하시고 그 도를 몸소 실천하시고 그 법의 실현되심을 친히 보이셨나니, 성현은 **유불선 삼성**三聖을 겸하셨고, 교敎는 유불선 삼교를 통합하시어 만대 **후래** 중생의 **법등**法燈을 천하 만고에 밝혀주셨느니라.

5. 원기26년 12월 **태평양전쟁**이 일어난 후로, 교단에 대한 **일제**日帝의 탄압은 점차 **가중**되었다. 대종사 열반 1년 전인 원기27년 어느 날, 숨막히는 분위기 속에서 한 제자가 조용히 대종사께 여쭈었다.

"저 사람들의 극성이 얼마나 가오리까."

대종사 말씀하시었다.

공도주의公道主義 자기와 자기 가족만을 위하려는 이기심을 놓고 인류전체 또는 일체생령을 위한 이타적(利他的)인 이념.
일념어묵一念語默 한 생각과 말하고 침묵함.
지공무사至公無私 지극히 공평하여 사사로움이 전혀 없음.
위법망구爲法忘軀 법을 위해 몸을 잊음.
대도大道 넓고 바른 길.
천명闡明 의지나 각오 따위를 드러내어 밝힘.
유불선 삼성儒佛仙三聖 유교의 공자, 불교의 석가모니, 도교의 노자.
후래後來 뒤에 옴.
법등法燈 진리의 등불, 지혜의 등불.
만고萬古 오랜 세월을 통해 변함이나 유례가 없음.
원기圓紀 원불교의 기원(紀元). 대종사가 1916년에 일원의 진리를 대각한 때가 원기1년.
태평양전쟁太平洋戰爭 1941년부터 1945년까지 연합국과 일본 사이에 벌어진 전쟁.
일제日帝 '일본 제국주의'의 준말.
가중加重 부담이나 고통 따위를 더 크게 하거나 어려운 상태를 심해지게 함.

"떠오르는 밝은 달을 먹구름이 가린들 얼마나 가겠느냐."

6. 며칠 후 그 제자가 다시 조용히 모셨다. 대종사 그에게 말씀하시었다.

"일인 형사 한 사람이 나에게 귀띔해 주기를 **경무국**에서 나를 조선의 **간디**라고 **지목**하면서 더 크기 전에 **불법연구회**를 조처해야 후환이 없을 것이라고 말하더란다. 그러니 내가 오래 여기 머물기가 어렵겠다."

이어서 말씀하시었다.

"앞으로 **환장**하는 무리가 더러 있을 터인데 그 목을 넘기기가 힘들 것이다. 그러나 큰일은 없을 것이다."

7. 한 사람이 대종사께 여쭈었다.

"선생님으로 인하여 **불법**이 앞으로 **대창**할 것을 믿으오나, 선생님 백세 후에 선생님의 법을 이어 불법을 더욱 대창시킬 인물이 많이 있사올지 의문이 되나이다."

대종사 말씀하시었다.

"그대는 나의 **색신**만 보았고 나의 법은 보지 못하였도다. 내 법이 옳

경무국警務局 일제 강점기에, 조선총독부에 속하여 경찰 사무를 맡아보던 관청.
간디 267p 인물 주석 참조.
지목指目 사람이나 사물이 어떠하다고 가리켜 정함.
불법연구회佛法硏究會 원기9(1924)년부터 원기33(1948)년까지 사용한 원불교 이전의 명칭.
환장換腸 마음이나 행동 따위가 비정상적인 상태로 달라짐.
불법佛法 부처의 가르침.
대창大昌 크게 번창함.
색신色身 빛깔과 형상이 있어서 눈으로 볼 수 있는 몸. 인간의 육신.

지 못할진대 아무리 내 대代에 대창을 하였을지라도 오래 가지 못하고 없어질 것이요, 내 법이 **정법**이라면 설사 내 대에는 대창하지 못했을지라도 후세에 다시 **계후**할 사람이 생겨날 것이니 무엇을 근심하리오."

8. 한 제자가 대종사께 여쭈었다.

"36년을 이 **회상 창립기**로 잡으셨사오니 그때가 되면 이 회상이 얼마나 대창하오리까."

대종사 말씀하시었다.

"회상의 대체 기초는 잡힐 것이나, 드러난 큰 발전은 아직 없을 것이다. 그러나 과거 모든 회상의 발전사에 비교해 보면 앞으로 우리 회상은 발전의 속도가 과거 회상의 몇천 배 이상이나 빠를 것이다."

9. 그 제자가 또 여쭈었다.

"지금 총부가 이 **익산** 땅에 있사오니, 앞으로 어느 때까지라도 그대로 여기에 있어야 하오리까."

대종사 말씀하시었다.

"내가 제정해 놓은 교리와 제도가 이미 있으니 그 법을 진정으로 **체득**

정법正法 바른 교법·인의 대도. 대도정법의 준말.
계후繼後 대를 이음.
회상會上 종교 교단. 여기에서는 원불교 교단의 다른 말.
창립기創立期 새로 만들어 세우는 기간.
익산益山 전라북도 서북부에 있는 시.

한 사람들이 합심한다면 장소에 **구애**할 것은 구태여 없느니라."

10. 한 제자가 대종사께 여쭈었다.

"앞으로 우리 회상의 **인재**가 어디서 많이 나오리까."

대종사 말씀하시었다.

"**공부**방면의 인재는 농촌에서 많이 나올 것이요, **사업**방면의 인재는 도시에서 많이 나올 것이다. 그러므로 인물은 농촌에서 도시로 풀어쓰게 되고, 사업은 도시에서 농촌으로 풀어쓰게 될 것이다."

11. 하루는 대종사 말씀하시었다.

"그대들이 나를 만난 것은 마치 봉사가 문고리를 잡은 것 같은 것이다. 기왕 잡았거든 단단히 잡아야 할 것이요 만일 **방심**하여 놓치고 보면 다시 잡기가 쉽지 아니할 것이다."

12. 대종사 열반 당년 1월 4일에 대중을 **공회당**에 모으시고 설법하시었다.

체득體得 몸소 체험하여 알게 됨. 뜻을 깊이 이해하여 실천으로써 본뜸.
구애拘礙 거리끼거나 얽매임.
인재人材 어떤 일을 할 수 있는 학식이나 능력을 갖춘 사람.
공부工夫 진리를 배우고 실천하는 일.
사업事業 정신·육신·물질로 보은 봉공생활에 힘쓰는 일.
방심放心 마음을 다잡지 아니하고 풀어 놓아 버림.
공회당公會堂 원기14(1929)년 익산총부에 건축된 대중 집회실. 정기훈련 장소로 사용됨.

"수도하는 사람의 근기에 **하근·중근·상근**의 세 가지가 있는 것이다. 그런데, 혹 하근에서 중근을 거치지 아니하고 바로 상근에 뛰어오르는 사람도 있으나 그는 퍽 귀하고 대개가 중근을 거쳐 상근에 오르는 도중 타락되기 쉬운 것이다. 그것은 다름이 아니라. 많이 듣고 많이 배워서 대략은 다 알며, 남의 스승 노릇도 하므로 아주 모르지도 않고 그렇다고 **확철대오**도 못해서 남의 말을 잘 듣지 아니하기 때문이다. 자칫 잘못하면 그 고비에서 저도 버리기 쉽고 남도 버려주기 쉬운 것이다."

13. 대종사 이어서 말씀하시었다.

"지금 내 **문하**에서도 공부를 해나가는 도중에 중근에 든 사람도 있고 **본시** 세상 지식으로 중근을 갖추고 온 사람도 있다."

대종사 이어 손을 꼽아 가시며 몇 사람의 이름을 일일이 부르신 후, 당시 **선원** 교감인 김대거를 부르시더니 "너도 크게 주의하라."고 하시었다.

수도修道 도를 닦음.
근기根機 불법(교법)을 믿고 수행해 가는 능력 또는 자질.
하근下根 불법(교법)을 믿고 수행해 가는 능력 또는 자질이 가장 낮은 정도의 사람.
중근中根 불법(교법)을 믿고 수행해 가는 능력 또는 자질이 중간 정도인 사람.
상근上根 불법(교법)을 믿고 수행해 가는 능력 또는 자질이 가장 뛰어난 사람.
확철대오廓徹大悟 확연히 꿰뚫어 크게 깨우침.
문하門下 가르침을 받는 스승의 아래.
본시本是 본디(본래). 처음부터 또는 근본부터.
선원禪院 정기훈련을 실시하는 훈련기관을 교단 초기에는 선원이라고 함.
교감敎監 원불교 초창기 선원 운영을 책임 맡은 교무.
김대거金大擧 268p 인물 주석 참조.

14. 대종사 이어서 또 말씀하시었다.

"예전 **삼산**三山이 **중근**에 시달릴 적에 삼산 문하 **패**와 내 패가 나누어져서 한참 동안 내가 괴로웠었다. 그런데, 삼산은 원래 신심이 있는 사람이라 내 말을 잘 듣고 별일이 없었으며 나중에 중근을 벗어난 후 열반하였고, 지금 **도성**道性이 중근을 벗었느니라."

이어 대종사 말씀하시었다.

"중근에 있는 사람이라도 본래 출발한 **서원**과 신심을 자주 챙기고 세워서 중근만 뛰어넘으면 서울 가려고 목적하는데 비행기 타고 가는 폭은 되리라."

15. 대종사 열반 한두 해 전부터 혹은 대중에게 혹은 개인에게 간절하신 부촉付囑을 많이 하여 주시는 가운데 특히 다음 여섯 가지 말씀을 자주 하여 주시었다.

16. "과거 세상에는 **불보살**들이나 회상을 연 도인들의 역사와 경전을

삼산三山 274p 인물 주석 참조.
중근中根 여기에서는 중근병을 말함. 수행과정에서 정법에 대하여 확신을 갖지 못하고 법을 가벼이 알며 스승을 저울질하는 병.
패牌 같이 어울려 다니는 사람의 무리.
도성道性 271p 인물 주석 참조.
서원誓願 어떤 원(願)을 세우고, 그것을 이루고자 맹세하는 일.
불보살佛菩薩 부처와 보살. 부처 또는 보살과 같은 인격자.

꾸밀 때 **태몽**胎夢을 비롯하여 특별한 **이적** 특별한 예언 등을 많이 넣어서 **장엄**이 심하였다. 그것이 그분들을 신봉하게 하는 데에나 **권선**勸善을 하는 데에는 다소 효과가 있었을 것이다. 그러나 그로 말미암아 일반 대중 가운데에 큰 도인이 나지 못하게 하였다. 그대들은 나의 역사나 경전을 만들 때 절대로 장엄을 **실상**에 넘치게 하지 말라."

17. "그동안은 회상을 새로 창립하기 때문에 교단 **정사**가 자연히 사업방면에 너무 치중하게 되었다. 그러므로 혹 집 몇 칸 논 몇 마지기로 인하여 **폐단**이 생길 수도 있었다. 그러나 앞으로는 공부방면에 주로 힘써야 할 것이다. 그대들 중에 참으로 내 정신을 받은 사람이 있다면 내 법문과 **정전**正典과 제도 **초안**한 것이 있으니, 혹 사업적인 일에 구애되어 **대의**를 그르치는 일은 없게 하라."

태몽胎夢 아이를 밸 것이라고 알려 주는 꿈.
이적異蹟 기이한 행적, 기행 이적의 준말.
장엄莊嚴 좋고 아름다운 것으로 엄숙하게 꾸미는 것.
권선勸善 악업을 멀리하고 선업 짓기를 권장하는 것.
실상實狀 실제의 상태나 내용.
정사政事 정치 또는 행정상의 일.
폐단弊端 어떤 일이나 행동에서 나타나는 옳지 못한 경향이나 해로운 현상.
정전正典 대종사가 초기교서를 집대성하여 준비하던 기본 경전. 원기28(1943)년 『불교정전(佛敎正典)』이라 이름하여 간행함.
초안草案 초를 잡아 적음. 또는 그런 글발.
대의大義 마땅히 지키고 실천되어야 할 큰 도리.

18. "내가 후일에 멀리 떠나고 시대가 차차 개방되면 남녀에 관한 폐단으로 교중의 **법규**가 어지럽게 될 수도 있을 것이다. 남녀 간에 지켜야 할 **규약**을 특별히 **엄수**하여 **교단**의 맑은 질서가 오래오래 계속되게 하라."

19. "앞으로 공부계로나 사업계로나 중근의 무리가 모 농사에 **피稗** 섞이듯 나와서 내 법을 문란하게 할 수 있을 것이다. 그러나 평소 내 **법설**을 잘 들은 사람들은 나의 본의를 잘 알고 있을 것이니 냉정한 머리로 판단하여 중근의 **파당**에 휩쓸리지 말라."

20. "앞으로 내가 없으면 마음이 **허황**하여져서 **계문**을 등한히 여길 무리가 나올 것이다. 계문을 범하는 자는 곧 나를 멀리한 자요, 계문을 잘 지키는 사람은 곧 나와 함께 있는 사람이니 **30계문**을 특히 잘 지키라."

법규法規 교단의 질서를 유지하기 위하여 지켜야 할 각종 법령이나 규율·교헌·교규·교령 등의 헌규와, 정기훈련법·상시훈련법·교당 내왕 시 주의사항·삼십계문·각종 예법 등.
규약規約 조직체 안에서 서로 지키도록 협의하여 정하여 놓은 규칙.
엄수嚴守 명령이나 약속 따위를 어김없이 지킴.
교단敎團 같은 교리를 믿는 사람이 모여 만든 종교단체.
피稗 볏과에 속하는 한해살이풀.
법설法說 일반적으로는 '법 있는 말씀'으로 깨우침과 실천을 위해 설하는 스승의 모든 가르침과 말씀.
파당派黨 주의나 주장 또는 이해관계가 같은 사람들이 끼리끼리 모인 집단.
허황虛荒 현실성 없이 헛되어 미덥지 못함.
계문戒文 계율의 조목. 죄를 범하지 못하게 하는 규정을 조목으로 정한 것.
30계문三十戒文 원불교 교도들이 지켜야할 30가지 계율로 보통급 10계문·특신급 10계문·법마상전급 10계문.

21. "나의 교리와 제도는 어떤 나라 어떤 **주의**主義에 들어가도 다 맞게 짜놓았다. 앞으로 내 법을 가지고 어느 나라에 가서든지 **교화** 활동을 펴되, 그 나라의 법률을 위반하여서는 아니 되고, 그렇다고 그 나라 권력에 아부해서 나의 **본의**를 소홀히 하여서도 아니 될 것이다."

22. 대종사 열반을 앞두시고 교단의 장래에 관계되는 부촉을 많이 내려 주시는 가운데 특히 다음 열 가지 말씀을 자주 하여 주시었다.

23. "**도가**道家의 생명은 법의 **혜명**慧命을 이어받아 전하는 일이니, 후세 영원토록 이 법의 맥박이 길이 쉬지 않게 모든 노력을 **경주**하라."

24. "**법**法을 위하여서는 몸을 잊고, **공**公을 위하여서는 사私를 놓는 대의大義의 **기풍**을 길이 **진작**하라."

주의主義 특정한 일에 대한 일관성 있는 인식과 행동의 원칙.
교화教化 가르치고 이끌어 좋은 방향으로 나아가게 함.
본의本意 본래의 의도나 생각. 본디 가진 참된 심정.
도가道家 도덕을 가르치고 베푸는 종교가.
혜명慧命 지혜를 생명에 비유하는 말. 사람의 생명을 이어 가듯이 대도정법이 끊이지 않고 이어가는 것.
경주傾注 한곳에 집중하여 기울임.
법法 진리 그 자체. 부처님·하느님·도(道)·무극·태극 등과 같은 개념.
공公 여러 사람에 관계되는 국가나 사회, 교단의 일.
기풍氣風 어떤 사회나 집단의 사람들을 지배하는 공통적인 분위기.
진작振作 정신이나 기세를 떨쳐 일으킴. 또는 떨쳐 일어남.

25. "법은 일반 동지의 앞에 서서 세우고, **공**功은 일반 동지의 뒤에 서서 양보하는 알뜰한 일꾼들이 많이 나오게 하라."

26. "법을 맡은 사람이 나의 법 **계통**을 올바로 받지 아니하고 **사의**私意로 **사법**私法을 내어 **교법**을 어지럽히는 일이 없게 하라."

27. "교단 일을 맡은 사람이 **편증편애**偏憎偏愛를 써서 교중의 통일을 방해하는 일이 없게 하라."

28. "**출가교도**는 **시방세계 일체중생**을 위하여 **전무출신**하였다는 정신을 서로 챙기고, **재가교도**는 **재욕무욕**在慾無慾하는 **거진출진** 정신을 서

공功 어떤 목적을 이루는 데에 힘쓴 노력이나 수고.
계통系統 일정한 체계에 따라 서로 관련되어 있는 부분들의 통일적 조직. 일의 체계나 순서.
사의私意 개인의 의견.
사법私法 개인의 법.
교법教法 종교의 가르침. 성현의 가르침. 대종사의 구세이념인 교리.
편증편애偏憎偏愛 어떤 사람이나 한쪽을 치우치게 미워하거나 사랑함.
출가교도出家教徒 개인 가정을 떠나 공사에 전일하는 교역자 곧 전무출신(專務出身).
시방세계十方世界 시방에 있는 무수한 세계. 시방은 동·서·남·북·동남·서남·동북·서북·상·하의 열 가지 방향.
일체중생一切衆生 이 우주 안에 있는 모든 생명. 모든 사람. 깨치지 못한 범부중생.
전무출신專務出身 원불교 출가교도로서 심신을 오로지 교단과 사회의 발전을 위해서 헌신 봉공하는 사람.
재가교도在家教徒 가정생활과 사회생활을 영위하면서도 신앙하고 수행하는 사람.
재욕무욕在慾無慾 욕심 경계에 살면서도 욕심에 물들지 않음.
거진출진居塵出塵 원불교의 재가교도로서 공부와 사업에 노력하여 교단 발전에 공헌한 사람.

로 챙겨서 교도 한 사람 한 사람이 교중 전체 면을 지켜나가기에 다 같이 노력하라."

29. "교법敎法이 있고 제 마음이 있으며 교중敎中이 있고 제 몸이 있다는 **선공후사**先公後私의 대의로 재가출가가 합심 노력하라."

30. "나의 법을 시방세계에 두루 **선포**할 **전법**傳法의 일꾼들이 계속 나와서 세계를 **정화**시키고 **불국정토**를 이 지상에 건설하도록 계속 노력하라."

31. "교중敎中의 잘못은 그 허물을 자기가 차지하고 교중의 잘된 일은 그 공을 교중과 교도에게 돌리며, 오직 이 법을 잘 실행함으로써 서로서로 전 교도의 좋은 **사우**師友가 되라."

32. "위로는 삼계三界의 큰 스승이 되고 아래로 사생四生의 자비스런 어

선공후사先公後私 공적인 일을 먼저 하고 사사로운 일은 뒤로 미룸. 개인의 이익 보다는 교중을 앞세우는 것.
선포宣布 세상에 널리 알림.
전법傳法 법을 널리 전파하는 것.
정화淨化 악폐나 죄, 정신의 타락 따위를 없애 깨끗하게 함.
불국정토佛國淨土 번뇌와 구속에서 벗어난 아주 깨끗한 부처와 보살이 사는 곳.
사우師友 스승과 벗.
삼계三界 중생들이 생사 윤회하는 세 가지 세계. 욕계(欲界)·색계(色界)·무색계(無色界).

버이가 되려는 큰 서원과 **신성**으로 **일관**하라."

33. 대종사 말씀하시었다.

"**전무출신**으로서 대중이 **공인**公認하는 경우 외에는 **교당**이나 **기관**을 떠나 생활하지 말며, **교중사** 아닌 일에 **종사**하지 말라."

사생四生 모든 생명체를 그 출생방식에 따라 태생(胎生)·난생(卵生)·습생(濕生)·화생(化生)의 네 가지로 분류한 것.
자비慈悲 크게 사랑하고 가엾게 여기는 일.
신성信誠 정성스럽게 믿는 마음.
일관一貫 하나의 방법이나 태도로써 처음부터 끝까지 한결같음.
공인公認 공식적으로 인정함.
교당教堂 원불교 교도들이 모여 각종 종교생활을 하는 장소.
기관機關 원불교의 교화·교육·자선을 위해 설립한 시설.
교중사教中事 원불교 교단의 일.
종사從事 일정한 일에 마음을 다하여 일함.

소태산 대종사 최초 사진(원기8~9년경)

03

구도고행장
求 道 苦 行 章

구도고행장(求道苦行章)
대종사 깨달음을 얻기 위해 구도하던 당시, 스승을 찾지 못해 고행한 편편의 내용이다.

1. 대종사 발심하신 후로부터 **주야** 없이 솟아오르는 **주문**呪文 두 절節이 있다.

하나는 '**우주신적기적기**宇宙神適氣適氣'라는 주문인바 그 후 어쩐 줄 모르게 '**시방신접기접기**十方神接氣接氣'라고 고쳐 불렀다. 또 한 절은 '**일타동공일타래**一陀同功一陀來 이타동공이타래 삼타동공삼타래 사타동공사타래 오타동공오타래 육타동공육타래 칠타동공칠타래 팔타동공팔타래 구타동공구타래 십타동공십타래'라는 주문이었다. 이 두 가지 주문은 '구도 당시 기도를 올리실 때마다 늘 부르셨다.'고 한다.

2. 대종사 득도하시기 전, **고창 심원면**高敞心元面 **연화봉**蓮花峰 **초당**에서 수양하실 적에 집안사람들이 **선산**先山의 **이장**移葬 문제를 의논해 왔다. 대종사 곧 한 귀의 글을 지어 그들에게 보이셨다.

'청산백골위후사 허명세전무인시青山白骨爲後事 虛名世傳無人市.' 번역하

발심發心 마음을 일으킨다는 뜻. 깨달음을 구하려는 마음을 일으킴.
주야晝夜 낮과 밤. 쉬지 않고 계속.
주문呪文 모든 재액에서 벗어나 불보살의 위력을 얻게 된다는 신비로운 글귀.
우주신적기적기宇宙神適氣適氣 우주의 정신 기운은 기(氣)로 향하여 가고 기로 향하여 간다.
시방신접기접기十方神接氣接氣 인간세계(시방세계)의 정신은 기(氣)와 접(接)하고 기와 접한다.
일타동공일타래一陀同功一陀來 한 부처가 공(功)을 같이하면 한 부처가 오신다.
고창高敞 전라북도 남서부에 위치한 군.
심원면心元面 고창군 북서부 서해안에 있는 면.
연화봉蓮花峰 심원면 연화리 뒷산.
초당草堂 억새나 짚 따위로 지붕을 인 조그마한 집채.
선산先山 조상의 무덤. 조상의 무덤이 있는 산.
이장移葬 한 번 장사 지낸 사람의 무덤을 다른 곳으로 옮겨 다시 장사를 지냄.

면 '푸른 산에 **백골**로 뒷일을 위한다는 것은 헛이름을 대대로 사람 없는 **저자**에 전하는 것이다.'라는 뜻이었다.

3. 대종사 말씀하시었다.

"내가 처음 발심하여 도를 구하려 할 때에는 **주소일념**晝宵一念이 '내 어찌하면 이 뜻을 이루어 볼꼬.' 하는 걱정뿐이었다. 그런데 지금 그대들의 공부하는 것을 보면 저렇게 하고도 그 큰일을 어떻게 해결할까 우려가 된다. 그러므로 내가 처음 길을 잡지 못하고 **고행**하던 일 몇 가지를 참고삼아 말하여 주려 한다."

4. "내가 어느 때에는 구도의 **열의**는 불타올랐으나 어찌할 방향을 몰라서 **엄동설한** 찬방에 이불도 없이 혼자 앉아 '내 이 일을 어찌할꼬.' 하는 걱정에만 잠겨 있었다. **근동 연장**年長 **친우**로 있던 지금의 **팔산**八山이 내 뜻을 알고 매일 아침에 **조밥** 한 그릇을 남몰래 갖다 주므로 나

백골白骨 죽은 사람의 몸이 썩고 남은 뼈.
저자 '시장'을 예스럽게 이르는 말.
주소일념晝宵一念 한 가지 일에만 밤낮으로 골똘히 생각하는 것.
고행苦行 종교적 깨달음을 얻기 위해서 행해지는 고난의 수행.
열의熱意 어떤 일을 이루기 위하여 정성을 다하는 마음.
엄동설한嚴冬雪寒 눈 내리는 깊은 겨울의 심한 추위.
근동近洞 가까운 이웃 동네.
연장年長 서로 비교하여 보아 나이가 많음. 또는 그런 사람.
친우親友 친한 벗.
팔산八山 282p 인물 주석 참조.
조밥 맨 좁쌀로 짓거나 입쌀에 좁쌀을 많이 두어서 지은 밥.

는 그것을 두 때로 나누어 소금국에 먹었었다. **두발**頭髮은 길어서 사람 모양이 아니고 **수족**은 얼어 터지고 수염은 입김에 얼음 덩어리가 되었다. 그러나 오히려 구도의 열성은 하늘에 뻗질러서 조금도 쉬어본 일이 없었다."

5. "또 어느 때에는 **무장 선운사**茂長禪雲寺에나 가보면 이 뜻을 이룰 수 있을까 생각하였다. 그러나 나에게는 아무런 **계책**이 없었다. 애를 태우던 중 또 팔산이 내 뜻을 알고 선운사 부근의 초당 한 칸을 얻어서 쌀 한 말과 간장 한 병을 마련해 주고 갔다. 나는 거기서 **주야불철**하고 **일천정성**을 다 올리고 있었다. 그러는 중 하루는 그 제각 주인의 **당혼**한 딸이 부모 몰래 찾아와서 나의 마음을 움직이려 하였다. 그러나 나는 다른 마음이 일어날 여유가 없었다. 그렇게 3개월간 **적공**을 드렸더니 **신력**神力은 얻어져서 간혹 내왕하는 팔산을 놀라게 한 일이 있었으나 그도 나의 참된 소망이 아니었다. 그래서 도로 내려오기로 작정하

두발頭髮 머리에 난 털.
수족手足 손발.
무장 선운사茂長禪雲寺 전라북도 고창 도솔산에 있는 절. 신라 진흥왕 때 진감국사가 창건. 1914년 고창군, 무장군, 흥덕군이 고창군으로 통폐합되었으나 무장 선운사라고 불리어졌었다.
계책計策 어떤 일을 이루기 위하여 꾀나 방법을 생각해 냄.
주야불철晝夜不撤 일을 함에 있어 밤낮을 가리지 않음.
일천정성一千精誠 모든 힘을 다하려는 참되고 성실한 마음.
당혼當婚 혼인할 나이가 됨.
적공積功 오래오래 수행 정진하는 것.
신력神力 신령한 힘.

고 가지고 갔던 쌀을 살펴보니 절반이나 남았고 **핫옷** 한 벌 입고 간 것은 떨어져서 형편없이 되어 있었다. 그러나 얼굴은 **세속**에서 잘 지낸 사람보다 오히려 좋다고들 말하였다."

6. "이와 같이 나는 길을 인도하는 사람이 없어서 가지가지 고행을 다 하였다. 그러나 그대들은 내가 먼저 경험해 보고 나서 눈먼 봉사라도 안심하고 가도록 큰길을 닦아 놓았고, 이렇게 편안히 의지할 집을 지어서 아무 거리낌 없이 공부할 수 있도록 해 놓았으니 얼마나 다행인가. 그렇건마는 여기 와서도 딴 길을 바라는 자가 없지 않으니 이는 천만년을 구할지라도 다 **허사**로 돌아갈 것이다. 그대들은 의심하지 말고 **신분의성**信忿疑誠만 들이댄다면 이는 나의 공부한 수고의 반만 하여도 반드시 성공할 것이다. 내 법대로만 하면 예전에 상근기가 백 년 걸려서 할 공부라도 나에게 와서 1, 2년만 닦으면 그 **공효**를 이룰 것이다."

7. 대종사 말씀하시었다.
"수도를 하여 나갈 때 **심령**心靈이 열리는 두 가지가 있다. 그 하나는

핫옷 솜을 넣어 만든 옷.
세속世俗 중생들이 사는 세상. 속세 또는 세간.
허사虛事 헛일.
신분의성信忿疑誠 삼학 수행을 잘 할 수 있도록 도와주는 네 가지로 믿음·분발심·의문·정성.
공효功效 어떤 일을 한 뒤에 돌아오는 좋은 결과.
심령心靈 깊은 내면의 영성.

허령虛靈이 열리는 것이다. 허령이라 하는 것은 자기가 생각하지 아니하여도 이것저것이 마음 가운데 어른어른 나타나서 알게 되는 것이다. 그 둘은 **신령**神靈이 열리는 것이다. 신령이라 하는 것은 때를 따라서 생각지 아니해도 알게 되고, 마음으로 어느 곳이든지 **관**觀하는 대로 알게 되는 것이다. 허령은 며칠이나 몇 달 동안 번갯불같이 나타났다가 없어지는 것이다. 그러므로 자기에게 큰 필요도 없으려니와 근기 약한 사람에게는 도리어 큰 병만 주고 가게 되는 것이다. 그러나 신령은 **존절히**만 쓰면 한 생 내지 몇 생 동안이라도 계속할 수 있으며, 어두워지면 다시 밝힐 능력이 있는 것이다."

허령虛靈 자기가 생각하지 않아도 간헐적으로 미래와 천기(天機)의 변화에 대한 예측, 통찰력 있는 식견 등이 솟아오르는 신령스러운 앎. 일시적으로 일어나는 환상과 같은 것.
신령神靈 신통하고 영묘불가사의 하다는 뜻. 헤아릴 수 없이 막히고 걸림 없어 기이하고 묘하여 불가사의 함.
관觀 지혜로써 경계를 비추어 봄.
존절히 행동 따위를 알맞게 절제하는 데가 있게.

04

초도이적장
初 度 異 蹟 章

초도이적장(初度異蹟章)
대종사 구도 당시의 이적과 깨달음을 얻은 후 초기에 방편상 보인 이적의 내용이다.

1. 동서東西의 **대성**大聖들이 지나가신 지 오래되어 **구전심수**口傳心授의 **정법시대**가 멀어짐에 따라 세간에는 예의염치와 **인륜강기**가 끊어지고 도가道家에서는 **신통묘술**과 이적異蹟만 찾는 **말법시대**에 대종사께서는 출현하셨던 것이다. 그러므로 **신근**信根이 엷은 말세 중생들을 제도하기 위하사 대종사께서도 **초도**初度 당시에는 정법을 먼저 내어놓지 못하시고 부득이 수년 동안 혹 이적과 **신력**神力을 보이시어 중생들의 발심 신앙을 촉구하실 수밖에 없었다. 그러나 신통묘술은 수양만 주로 하던 **선천 음시대**先天陰時代의 한 장난에 불과한 것이요, 영육靈肉을 쌍전하고 **동정**動靜을 **겸전**하는 **후천 양시대**의 **정법** 회상에서는 결단

대성大聖 석가모니불, 공자와 노자 같은 덕행이 높은 성인에 대한 존칭.
구전심수口傳心授 제자의 근기에 맞게 스승이 말로 전하고 마음으로 가르침.
정법시대正法時代 정법이 행해지는 시대. 성인의 가르침이 바르게 실천되어 깨달음을 얻을 수 있는 시대.
인륜강기人倫綱紀 인간으로서 마땅히 지켜야 할 윤리 도덕과 나라를 다스리는 바탕이 되는 질서.
신통묘술神通妙術 신통은 모든 일에 헤아릴 수 없이 신기하게 통달하는 것, 묘술은 보통 인간으로서는 하기 힘든 뛰어난 술법.
말법시대末法時代 대도정법이 쇠약한 시대. 새로운 법이 이어 나온다는 의미로 계법(季法)이라도 함.
신근信根 믿음의 뿌리.
초도初度 맨 처음 닥치는 차례. 처음 도를 펼 때.
신력神力 신령한 힘.
선천先天 지혜와 과학문명이 열리지 못한 어두운 세상. 지나간 세상.
음시대陰時代 어두운 시대로 과거의 억압되고 막히고 폐쇄된 사회.
동정動靜 육근(六根)을 동작할 때를 동(動), 쉴 때를 정(靜).
겸전兼全 여러 가지를 완전하게 갖춤.
후천後天 상생과 질서로 평등과 평화, 정신과 물질이 조화되는 문명세계. 밝은 양(陽)시대.
양시대陽時代 오늘날의 개방시대를 양시대로, 과거시대를 음(陰)시대로 표현함.
정법正法 바른 교법·인의 대도. 대도정법의 준말.

코 중히 여기지 않는 하나의 **마장**魔障인 것이다. 그러므로 대종사께서 정식 회상을 여신 후에는 이를 일체 보이지 아니하셨을 뿐더러, 혹 이적을 바라는 제자가 있으면 이를 엄중히 경계하시고, 과거에 보이셨던 모든 자취도 이를 일체 기록에 남기지 못하게 하셨다. 이제 당대 제자들이 일반적으로 알고 있는 사실 여섯 가지만을 여기 간추려 적거니와 이 또한 결코 진법眞法은 아니며 계시면 꾸중하실 일임을 알아야 할 것이다.

2. 대종사 득도得道하신 후 **심독희자부**心獨喜自負하신 법열法悅의 심경을 다음과 같이 **술회**하시었다.

 "도道를 얻은 후로는 **초동목수**草童牧豎의 노랫소리도 나의 득도를 찬양하는 것 같고, 농군들의 **상두소리**도 내가 알게 된 이치를 노래하는 것 같았다. '일심정력 들이대어 **섭 고르게** 잡아서 **방 고르게** 잘 심세.' 하는 농부의 노랫소리가 그대로 도를 아는 말 같아서 그 사람을 붙들

마장魔障 어떠한 일에 마(魔, 마귀, 악귀)가 끼어듦. 일의 진행을 요사스럽게 가로막음.
심독희자부心獨喜自負 스스로 얻은 성취에 대해서 홀로 마음속으로 기뻐하고 스스로 인정하며 자긍심을 지님.
술회述懷 마음속에 품고 있는 여러 가지 생각.
초동목수草童牧豎 땔나무를 하는 아이와 가축을 치는 아이.
상두소리喪頭-- 상두는 상여(喪輿)의 속칭. 상여를 이끄는 사람이 선창하여 상여꾼들을 이끄는 소리. 여기에서는 농군들이 모내기를 하며 내는 소리.
일심정력一心精力 하나로 합쳐진 몸과 마음의 힘이나 능력.
섭 고르게 모의 수를 고르게 잡아서.
방 고르게 사방을 고르게.

고 물어본 일도 있었다. 또는 그해 겨울 **범현동**帆縣洞에 있을 때는 '생사고락 그 이치며 우주 만물 그 이치를 억만 사람 많은 것 중에 내가 어찌 알았던고.'라고 생각하니 생각할수록 흥이 나서 하룻밤을 흥타령으로 앉아 세우고, 이른 새벽 눈은 **척설**尺雪로 쌓였는데, **굽 나막신**을 신은 채 뒷산에 올라가 사방으로 돌아다니다가 돌아왔으되 신발에 눈 한 점 묻어 있지 않은 일도 있었다."

3. 대종사 **처음 단**團을 조직하실 때에 **오모**吳某라는 사람이 **예선**豫選에 참여하였었다. 그런데 그가 그 후 변심하여 **주색**에 **방탕**하고 정당치 못한 사람들과 **상종**하면서 대종사와 일반 동지를 심히 비방까지 하였다. **김성구**金聖久가 이를 보고 **내심** 생각하기를 '전날에 오모가 그와 같이 중한 맹세를 하고, 지금 저와 같이 변심 행위를 감행하니 만일 그때의 서약이 영험이 있다면 그 신변에 어찌 **죄해**가 없겠는가.' 하고 어느

범현동帆縣洞 전라남도 영광군 백수읍 길룡리에 속한 마을.
척설尺雪 한 자 깊이로 쌓인 눈이라는 뜻으로, 많이 쌓인 눈.
굽 나막신 나무를 파서 만든 것으로 앞뒤에 높은 굽이 있는 신.
처음 단團 원기2(1917)년에 조직한 교화단.
오모吳某 전라남도 영광군 백수면 학산리에 거주했던 오내진을 이름함.
예선豫選 본선에 나갈 선수나 팀을 뽑음.
주색酒色 술과 여자.
방탕放蕩 술, 성적 쾌락, 노름 등에 과도하게 빠져 바르게 살지 못함.
상종相從 서로 따르며 친하게 지냄.
김성구金聖久 269p 인물 주석 참조.
내심內心 속마음.
죄해罪害 죄로 인한 해로움.

날 대종사께 그 뜻으로 여쭈니 말씀하시었다.

"내가 오늘 그 사람의 **전도**를 미리 판단은 아니 하나 그 사람이 그 맹세를 보통 농담으로 한 것이 아니고 진심으로 하였었다면 그 한 말이 극히 중하고 어려운 바가 있는 것이다. 어찌 **무단**한 헛말로만 생각하리오."

그 후 얼마 있지 아니하여 그 사람이 술에 **대취**하여 **급병**으로 하룻밤 사이에 세상을 떠났다. 이일로 인하여 김성구와 일반 동지가 **법계**의 **영험**에 두려움을 느끼고 신근들이 더욱 굳어졌다.

4. 대종사 9인 **단원**의 근기가 점차 향상됨을 보시고 그에 따라 차차 교화하는 법을 정하시었다. 먼저 정식으로 매월 **예회**例會보는 법을 지시하시어 **삼순일**三旬日로써 모이되, 신信을 어긴 이는 상당한 벌이 있게 하시었다. 또는 **성계명시독**誠誡明示讀이라는 양심 고백장을 두시어, 단원들이 자기 집에서 열흘 동안 지낸 마음과 행동을 일일이 조사하여

전도前途 앞길. 전망.
무단無斷 사전에 허락 없이. 또는 아무 사유 없이.
대취大醉 술에 몹시 취함.
급병急病 갑자기 앓는 병.
법계法界 텅 비어 보이지 않는 신령스러운 세계.
영험靈險 신령한 효험.
9인 단원九人團員 대종사가 깨달음을 얻은 후 이재철·이순순·김기천·오창건·박세철·박동국·유건·김광선을 표준제자로 삼아 원기2(1917)년 최초의 단(團)을 조직하고, 원기3년 송규를 중앙위에 내정하여 단이 완성된 단원.
예회例會 원불교 법회의 가장 기본적인 형태.
삼순일三旬日 매월 3회씩.
성계명시독誠誡明示讀 대종사가 교단 초창기에 제자들의 마음공부 실적을 조사하기 위해 사용했던 책으로 오늘날 일기법의 원형.

그 신성의 **진퇴**와 **행실**의 시비를 대조하도록 하시었다. 그중에 만일 사실을 속이는 제자가 있으면 보신 듯이 그 사실을 지적하시고 엄하게 꾸짖으시며 말씀하시었다.

"그대가 나를 속이는 것이 곧 자신을 속이는 것이요 법계法界를 속이는 것이다. 그대가 계속하여 법계를 속인다면 그대는 영원히 재앙에 떨어질 것이니 각별히 조심하라."

단원들은 한편 두려워하고 한편 기뻐하며 그 마음의 결합됨과 신성의 향상됨이 이루 다 말할 수 없었다.

5. 대종사 **김성섭**金成燮이 한문만 **숭상**하여 그에 구애됨을 아시고 하루는 **짐짓** 물으시었다.

"돌아오는 세상의 **교법**을 제정하려면 한문으로 경전을 만들어야 하지 않겠는가."

성섭이 의아하여 내심으로 생각하였다. '대종사께서는 **본시 한학**漢學을 충분히 하신 바 없으신데 어떻게 교법을 제정하시려는고.' 성섭이 대답하지 못함을 보시고 대종사 미소 지으시며 말씀하시었다.

진퇴進退 앞으로 나아가고 뒤로 물러남.
행실行實 실지로 드러나는 행동.
김성섭金成燮 269p 인물 주석 참조.
숭상崇尙 높여 소중히 여김.
짐짓 마음으로는 그렇지 않으나 일부러 그렇게.
교법敎法 종교의 가르침. 교의(敎義). 종교에서 중생들을 구제하기 위해 밝힌 성현의 가르침.
본시本是 본디(본래). 처음부터 또는 근본부터.
한학漢學 한문 및 한어(漢語)에 관해 연구하는 학문.

"내가 지금 한문으로 교법을 불러낼 것이니 그대는 즉시로 받아쓰라."

대종사 즉석에서 수많은 한시漢詩와 한문漢文을 연속하여 불러 내리셨다. 성섭이 한참 동안 받아쓰다가 부르시는 글을 미처 다 **수필**受筆하지 못하고 **황겁**하여 어찌할 바를 몰랐다. 대종사 말씀하시었다.

"도덕은 문자 여하에 매인 것이 아니니, 그대는 이제 한문에 얽매이는 생각을 놓아 버리라. 앞으로는 모든 경전을 일반 대중이 다 알 수 있는 쉬운 말로 편찬해야 할 것이며 우리글이 세계의 **명문**이 되는 동시에 우리말로 **편찬**한 경전을 세계 사람들이 서로 번역하여 배우는 날이 멀지 아니하다. 그대는 다시 어려운 한문만을 숭상하지 말라."

6. 이재풍李載馮은 본시 풍골이 **늠름**하고 세상 상식이 풍부하여 매양 대종사를 친견할 때마다 보통 사람과 다르신 점을 대종사의 **체상**體相에서 살피려 하였다. 대종사 하루는 재풍에게 **배코**를 쳐 달라고 명령하신 후, **상투**머리를 풀어 그의 앞에 보이시었다. 재풍이 배코를 치려

수필受筆 자기가 직접 글씨를 씀.
황겁惶怯 당황하고 겁에 질림.
명문名文 뛰어나게 잘 지은 글.
편찬編纂 여러 종류의 자료를 모아 일정한 체계에 따라 책을 만듦.
이재풍李載馮 280p 인물 주석 참조.
풍골風骨 풍채와 골격.
늠름凜凜 의젓하고 씩씩함.
체상體相 몸의 밖으로 나타난 모양.
배코 상투를 앉히기 위해 머리털을 깎아 낸 자리.
상투上頭 예전에, 성인 남자의 머리털을 끌어올려 정수리 위에 뾰죽하게 틀어 감아 맨 것.

고 대종사의 **두상**을 들여다보니 곧 대종사의 **이환현궁**泥丸玄宮이 샘같이 뚫어지며 재풍의 몸이 그 속에 빠져드는 것 같았다. 재풍이 어찌할 바를 알지 못하고 서 있었다. 대종사 웃으시며 말씀하시었다.

"성현을 마음의 법으로 찾으려 하지 아니하고 몸의 **표적**으로 찾으려 하는 것은 곧 **하열**한 근기인 것이다."

재풍이 정신을 차려 다시 보니 대종사의 이환에 아무 흔적도 없었다. 재풍이 크게 깨달아 다시는 이적을 살피지 아니하고 평생토록 정법을 받들었다.

7. 9인 단원이 **정관평**貞觀坪 **방언**을 진행할 때였다. 이웃 마을에 김모 金某라는 **부호**가 있었다. 그는 원래 그 지역에 **세거**한 사람으로 **문벌**이 또한 **유세**하였다. **조합원**들이 방언공사에 착수함을 보고 그는 곧 분

두상頭上 '머리'를 높여 이르는 말. 머리 위.
이환현궁泥丸玄宮 상단전(上丹田, 두 눈썹의 사이)을 의미함.
표적表迹 겉으로 드러난 자취.
하열下劣 천하고 비열함.
정관평貞觀坪 전라남도 영광군 백수읍 길룡리 해안을 원기3(1918)년부터 1년간에 걸친 제1차 간척답과 원기41(1956)년부터 3년간에 걸친 제2차 간척답. 여기에서는 제1차 간척답을 의미함.
방언防堰 '둑[堰]을 막는다[防].'는 뜻으로 방조제공사(防潮堤工事) 또는 간척사업(干拓事業)을 의미함.
김모金某 방언조합에 돈을 빌려준 적이 있는 이웃 마을에 사는 김 씨 성을 가진 사람.
부호富戶 부잣집.
세거世居 한 고장에 대대로 삶.
문벌門閥 대대로 내려오는 그 집안의 사회적 신분이나 지위.
유세有勢 재력이나 권세가 있음.
조합원組合員 원기2(1917)년 설립된 저축조합을 방언공사를 시작하면서 방언조합이라 함, 그 회원.

쟁을 일으키었다. 자기도 동일 지역의 간석지 개척원서를 제출해 놓고 관계 당국에 빈번히 출입하여 맹렬한 운동을 벌였다. 장차 토지권 문제에 우려가 생기자 단원들 간에 그를 미워하고 원망하는 태도가 깊어갔다. 대종사 말씀하시었다.

"공사 중 이러한 분쟁이 생긴 것은 하늘이 우리의 정성을 시험하려 하심인 듯하다. 그대들은 조금도 이에 끌리지 말고 또는 그 사람을 미워하지도 원망하지도 말라. **사필귀정**事必歸正이 이치의 당연함이지마는 **사세**事勢가 그렇지 못하여 우리의 노력한 바가 헛되이 그 사람의 소유가 된다 할지라도 우리에 있어서는 양심에 조금도 부끄러울 바가 없는 것이다. 또는 우리의 본뜻이 항상 **공중**을 위하여 활동하기로 한 것이니, 비록 처음 계획과 같이 많은 대중을 위하여 널리 사용되지는 못한다 할지라도 그 사람도 또한 대중 중의 한 사람은 되는 것이며, 이 **빈궁**한 산촌 주민들에게 상당한 경작지가 생기도록 하였으니 또한 공익도 되지 않는가. 이때를 당하여 그대들은 **자타**自他의 관념을 초월하고 오직 공익의 본의대로 근실히 노력한다면 우리의 목적은 달성되는 것이다."

그 후 그 사람의 운동은 실패에 돌아가고 우리 방언조합에서 허가서를 받았고 그는 의외에도 병이 들어 죽게 되었다.

사필귀정事必歸正 모든 일은 반드시 바른길로 돌아감.
사세事勢 일이 되어 가는 형편과 정세.
공중公衆 사회의 대부분의 사람들.
빈궁貧窮 가난하여 살기가 어려움.
자타自他 자기와 남.

8. 한 제자가 대종사께 여쭈었다.

"누가 대종사님의 **신통**神通 유무를 묻사오니 어떻게 대답하오리까."

대종사 말씀하시었다.

"모른다고 하라."

또 여쭈었다.

"굳이 물으면 어찌하오리까."

대종사 말씀하시었다.

"큰 신통이 있다고 하라."

또 여쭈었다.

"어떤 신통이 있으시다 하오리까."

대종사 말씀하시었다.

"우리는 각기 제 마음도 제대로 보지 못하는데 우리 스승은 우리들의 마음 쓰는 것까지 살펴보시며, 우리는 제 마음도 제가 마음대로 쓰지 못하는데 우리 스승은 우리들의 마음에 부처님 마음을 **접붙**이는 재주까지 있으시니 그것이 어찌 큰 신통이 아니냐 하라."

신통神通 모든 일에 헤아릴 수 없이 신기하게 통달하는 것. 신은 헤아릴 수 없음, 통은 막히고 걸림이 없음.
접붙 가지나 눈을 잘라 접순(椄筍)으로 하여 밑나무에 접을 붙여 엉겨 붙게 하는 방법.

사제제우장
師弟際遇章

05

사제제우장(師弟際遇章)
대종사가 깨달음을 얻은 후 9인의 제자들과 초기교단의 제자들이 귀의하는 기연의 내용이다.

1. 대종사 **대각**하신 후 회상 열으실 뜻을 **내정**하시고 각지에 **산재**散在한 **숙연**宿緣 깊은 제자들을 모으시었다. 제일 먼저 인연 깊은 **김성섭**八山을 첫 제자로 삼으시고, 김성섭에게 명하시어 **오재겸**四山을 오게 하시었다. 오재겸에게 명하시어 **이재풍**一山과 **김성구**三山를 오게 하시고 다음으로 차자 **이인명**二山 **박경문**五山 **박한석**六山 **유성국**七山 등을 모으시었다.

2. 대종사 10인 1단을 조직하시어 친히 **단장**이 되신 후, **중앙위**中央位는 비워 놓으시고 혹 일이 있을 때는 오재겸으로 **대리**케 하시었다. 제자들이 그 **연유**를 여쭈었다. 대종사 말씀하시었다.

대각大覺 진리를 크고 원만하고 바르게 깨치는 것. 대원정각(大圓正覺)의 준말.
내정內定 정식의 발표나 절차가 있기 전에 내부에서 인사를 결정함.
산재散在 여기저기 흩어져 있음.
숙연宿緣 오래 묵은 인연. 전생(前生)의 인연.
김성섭八山 269p 인물 주석 참조.
오재겸四山 276p 인물 주석 참조.
이재풍李載馮 280p 인물 주석 참조.
김성구金聖久 269p 인물 주석 참조.
이인명二山 279p 인물 주석 참조.
박경문五山 272p 인물 주석 참조.
박한석六山 273p 인물 주석 참조.
유성국七山 277p 인물 주석 참조.
10인 1단十人一團 '열 사람이 하나의 단을 이룬다.'라는 구성 원리의 원불교 교화조직인 교화단. 단(團)은 단장 1명, 중앙 1명, 단원 8명으로 구성됨. 원기2(1917)년, 대종사가 처음 8인의 제자를 얻어 조직한 것이 그 시초.
단장團長 10인 1단으로 조직된 교화단의 우두머리.
중앙위中央位 10인 1단으로 조직된 교화단의 단장을 보좌하는 자리.
대리代理 다른 사람을 대신하여 일을 처리함.
연유緣由 일의 까닭이나 이유.

"그 자리에는 장차 올 사람이 있느니라."

3. 이때 대종사 간혹 밤하늘에 **성수**星宿 운행함을 살피시며 말씀하시었다.

"우리가 만나야 할 사람이 점점 가까이 오고 있느니라."

대종사 또 말씀하시었다.

"우리가 만일 그 사람을 만나지 못하면 우리 일이 이뤄지지 못 하느니라."

4. 대종사 8인으로 첫 단團을 조직하시며 말씀하시었다.

"중앙 **재목**은 뒤에 먼 곳에서 올 것이다."

그 후 3개월이 지났다. 하루는 대종사 이재풍, 오재겸을 불러 말씀하시었다

"그대들은 **장성**長城역에 가서, 체격이 작은 편이고 낯이 깨끗한 어떤 소년이 차에 내려서 갈 곳을 결정 못 하고 서성거리거든 데리고 오라."

두 사람이 명을 받들고 다음 날 **발정**하기로 하였다. 대종사 그날 **석후**夕後에 다시 말씀하시었다.

성수星宿 모든 별자리의 별들.
재목材木 장차 큰일을 할 만한 능력이 있거나 어떤 직위에 적절한 사람을 비유적으로 이르는 말.
장성역長城驛 전라남도 장성군 장성읍에 위치한 호남선의 철도역.
발정發程 길을 떠남.
석후夕後 저녁 식사를 하고 난 뒤.

"장성 갈 일은 그만 두어라. 후일 자리 잡아 앉은 뒤에 다시 데려오리라."

5. 하루는 대종사 김성섭에게 말씀하시었다.

"오늘은 나와 함께 저 **윗녘**에 가세."

김성섭이 여쭈었다.

"어찌 가자하시나이까."

대종사 말씀하시었다.

"내가 진작부터 항상 말하기를 우리와 만날 사람이 있다고 하였었지. 그 사람 데리러 가자는 말일세."

6. 두 분이 **보행**으로 **무장·고창·흥덕**을 거쳐 **정읍 화해리**花海里에 이르렀다. 이윽고 **김도일**金道一 집을 방문하여 비로소 **송도군**宋道君:鼎山을 만나시었다. 송도군은 여러 해를 두고 **고명**한 대인 한 분 만나기를 **발원**

윗녘 위가 되는 쪽으로 영광에서 윗녘은 전라북도를 뜻함.
보행步行 걸어 다님.
무장茂長 전라북도 무장군이었으나 1914년 고창군으로 통합되어 무장면이 됨.
고창高敞 전라북도 남서부에 위치한 군.
흥덕興德 전라북도 흥덕군이었으나 1914년 고창군으로 통합되어 흥덕면이 됨.
정읍井邑 전라북도 남서부에 위치한 도시.
화해리花海里 전라북도 정읍시 북면에 위치한 마을.
김도일金道一 269p 인물 주석 참조.
송도군宋道君:鼎山 275p 인물 주석 참조.
고명高名 명성이 높음.
발원發願 어떠한 일을 바라고 원하는 생각을 내는 것.

해 온 터라 **심복지심**이 흡족하였고 대종사는 기다리고 바라던 사람을 만나신지라 극히 사랑하셔서 **황송**하게도 대종사께서 먼저 **결의형제**結義兄弟하자고 청하시었다.

7. 송도군이 **응종**應從하며 숙연임을 크게 깨달아 말씀드리었다.
 "저 역시 큰 원을 품고 수년 동안 수 백리를 정처 없이 방황했사오나, 항상 마음에 무엇이 걸린 것 같아 밤낮으로 걱정하던 중 오늘에야 **영겁대사**를 해결할 날이 왔나이다."
 송도군이 대종사께 **사배**를 올리었다.

8. 대종사 송도군의 마음을 돌리어 **영광**으로 데려 가시려고 2일간을 화해리 이웃집에 **유련**留連하시었다. 그러나 도일의 모친 **김해운**金海運의 지극한 만류로 일시에 정의를 뗄 수 없어 뜻을 이루지 못하시었다. 두 분은 여름에 다시 **중로**中路에서 만나기로 **후약**後約을 두고 갈리시었다.

심복지심心腹之心 마음으로 품어 줄 수 있는 그 마음.
황송惶悚 분에 넘쳐 고맙고도 송구함.
결의형제結義兄弟 남남끼리 의리로써 형제의 관계를 맺음.
응종應從 어떤 명령이나 요구를 받아들여 그대로 따름.
영겁대사永劫大事 영원한 세월에 가장 크고 중요한 일.
사배四拜 네 번 거듭하여 절함. 현재 원불교에서는 사은(천지은·부모은·동포은·법률은)에 사배함.
영광靈光 전라남도 북서쪽에 있는 군. 여기에서는 영광군 백수읍 길룡리를 뜻함.
유련留連 객지에 묵고 있음.
김해운金海運 270p 인물 주석 참조.
중로中路 오가는 길의 중간.
후약後約 뒷날하기로 한 약속.

9. 원기3년戊午 여름, 약속한 날짜가 되었다. 대종사의 명을 받든 김성섭은 영광에서 올라가고 송도군은 화해리에서 내려와 중로에서 두 사람이 서로 만났다. 두 사람은 장성을 거쳐 영광 **길룡리** 대종사 **처소**에 당도하였다.

10. 대종사 기뻐하시며 송도군에게 말씀하시었다.

"이 일이 어찌 우연한 일이겠느냐. **숙겁 다생**에 서약한바 컸었느니라."

대종사 송도군을 **옥녀봉**玉女峰 아래에 미리 마련한 토굴 속에 기거케 하시고 밤에만 **도실**에 나와 8위 단원과 함께 단란한 생활을 하게 하시었다.

11. 하루는 송도군이 대종사 앞에 꿇어 엎디어 사뢰었다.

"제가 전날에 **분부**를 받들어 결의형제 하와 스승님을 형님이라고 부르는 일이 극히 황송하오니 지금부터는 형제의 **분의**分義는 해제하옵고

원기3년戊午 1918년, 무오(戊午)는 육십갑자의 쉰다섯 번째.
길룡리吉龍里 전라남도 영광군 백수읍에 소속된 마을. 대종사가 탄생·구도·깨달음을 얻은 후 원불교의 교문을 연 마을.
처소處所 사람이 살거나 임시로 머무는 곳. 여기에서는 도실을 의미함.
숙겁다생宿劫多生 무한한 세월에 수많은 생을 받게 되는 것. 다생 겁래와 같은 말.
옥녀봉玉女峰 전라남도 영광군 백수읍 길룡리에 위치한 도실의 뒷산.
도실道室 방언조합실을 도실 또는 교실이라 이름 하였었음. 원불교 최초의 교당으로 오늘날 구간도실이라 부름.
분부吩咐 윗사람이 아랫사람에게 명령이나 지시를 내림.
분의分義 자기의 분수에 알맞은 정당한 도리.
해제解除 규제나 금지 따위를 풀어서 자유롭게 함.

부자의 분의를 정하게 하여 주시옵소서."

대종사 말씀하시었다.

"네 마음 좋을 대로 하라."

12. 그 후 대종사 송도군으로 하여금 중앙위位에 오르게 하시고 **수기**授記를 주시며 제반 사무를 대행케 하시었다. 8위와 일반 대중은 19세의 **연소**한 분이나 **장형**같이 **숭배**하며 받들었다.

13. 대종사 옥녀봉 아래에 도실道室을 신축하시고 이를 첫 **수위단 회집실**로 삼으시었다. 대종사 도실 이름을 '**대명국영성소좌우통달만물건판양생소**大明局靈性巢左右通達萬物建判養生所'라 하시었다.

14. **송도성**宋道性이 16세에 대종사를 한번 뵈옵고는 바로 마음에 큰 기쁨과 희망을 얻어 **출가**하며 한 귀의 글로써 서원을 올리었다. '헌심영

수기授記 새 회상의 미래에 대하여 미리 지시한 예언적인 가르침.
연소年少 나이가 적고 어림.
장형長兄 여러 형제 중에서 맨 위의 형.
숭배崇拜 훌륭히 여겨 우러러 공경함.
수위단首位團 원기2(1917)년, 10인1단의 단 조직법으로 조직한 최초의 교화단.
회집실會集室 여러 사람이 한곳에 많이 모이는 집.
대명국영성소좌우통달만물건판양생소大明局靈性巢左右通達萬物建判養生所 대명국영성소는 '크고 밝은 영성의 보금자리며', 좌우통달만물건판양생소는 그 역할로 '모든 주의와 사상을 막힘없이 통하게 하며 천지만물을 새롭게 살려내는 곳'.
송도성宋道性 275p 인물 주석 참조.
출가出家 몸과 마음을 원불교 교단의 발전과 제생의세 사업을 위해 전무출신 하는 것.

부 허신사계 상수법륜 영전불휴獻心靈父 許身斯界 常隨法輪 永轉不休(마음은 영혼의 아버님께 바치고, 몸은 이 세계에 허락하나이다. 항상 스승님 법 수레바퀴를 따라 길이길이 궁굴리어 쉬지 않겠나이다.)'

　대종사 보시고 크게 기뻐하시며 곧 출가를 허락하시었다.

15. 대종사 송벽조宋碧照에게 말씀하시었다.

"그대가 어린 아들의 말을 듣고 유가儒家의 규모規模를 벗어나서 **친척 친우**의 강력한 반대를 물리치고 정든 고향을 떠나 나의 **처소**에 이사하여 온 것은 그 신심도 장하려니와 이것은 **숙세**의 깊은 인연이요 실로 우연한 일이 아닌 것이다."

16. 대종사의 구도 당시부터 회상을 건설하시기까지 이원화李願華는 오랫동안 시봉의 정성을 다 하였으며 회상을 여신 뒤에는 **전무출신**하여 **교중사**에 있는 힘을 다하였다. 대종사 칭찬하시며 말씀하시었다.

송벽조宋碧照 275p 인물 주석 참조.
유가儒家 공자의 학설과 학풍을 따르고 연구하는 학자나 학파.
규모規模 사물의 구조나 모양의 크기와 범위. 일정한 한도.
친척親戚 자기의 혈족이나 혼인 관계를 통해 혈연적으로 관계가 있는 일정한 범위의 사람들.
친우親友 친한 벗.
처소處所 사람이 살거나 임시로 머무는 곳. 대종사가 회상을 펴고 있는 영광.
숙세宿世 무한한 과거 세상.
이원화李願華 279p 인물 주석 참조.
전무출신專務出身 원불교 출가교도로서 심신을 오로지 교단과 사회의 발전을 위해서 헌신 봉공하는 사람.
교중사敎中事 원불교 교단의 일.

"원화는 숙세의 선연만 **심중**深重할 뿐 아니라 그 발원과 행실이 **진급기**에 있는 사람이다. 앞으로 이 회상의 발전에 따라 무량한 **복록**의 주인이 될 것이다."

17. 대종사 **부안 변산**扶安邊山에 들어가시어 4년 동안 회상 열만한 준비를 대략 마치시고 장차 하산下山의 시기를 기다리시었다. 하루는 김제金堤사람 **서상인**徐相仁:中安이 그의 형 인도로 와서 뵈었다. 대종사 말씀하시었다.

"그대는 무슨 뜻이 있어서 이 같은 **험로**를 **불고**하고 왔는가."

상인이 사뢰었다.

"스승님의 도덕이 높으시다는 말씀을 듣사옵고 도덕을 배워서 가장 높은 사람이 되고자 왔나이다."

대종사 말씀하시었다.

"이 세상인심이 거의 다 **신기묘술**을 원하거늘 그대는 도덕을 말하니 다행히 나와 **장구**한 인연이 되리로다. 그대의 형제는 이미 세상에서

심중深重 생각이 깊고 침착함.
진급기進級期 신앙과 수행을 열심히 하여 중생 세계로부터 불보살 세계로 나아가는 시기.
복록福祿 복되고 영화로움. 세상에서 받게 되는 복의 공덕.
부안 변산扶安邊山 전라북도 부안에 있는 변산반도의 산.
김제金堤 전라북도의 중앙부 서쪽에 위치한 도시.
서상인徐相仁:中安 274p 인물 주석 참조.
험로險路 험하고 나쁜 길.
불고不顧 돌아보지 않음.
신기묘술神奇妙術 믿을 수 없을 정도로 색다르고 놀랍고 뛰어난 술법.
장구長久 매우 길고 오램.

의공醫功으로써 이름이 있다하니 나의 도덕을 진실하게 공부하여 만생령의 마음병까지 고치는 **양의**良醫가 되라. 그러기로 하면 나의 가르침에 절대 복종할 것이요, 따라서 어떠한 괴로움이 있다하여도 **항거**抗拒와 **계교**를 두지 말라."

18. 상인이 즉석에서 옛 인연임을 깨닫고 돌아가신 부모를 새로 만난 듯 흐느껴 울며 대종사 보다 열 살이나 연상임에도 불구하고 **영부**靈父로 모시기를 애원하였다. 대종사 허락하시니, 상인이 사뢰었다.

"이곳은 도로가 **험난**하고 장소가 **협착**하옵니다. 교통이 편리하고 장소가 **광활**한 곳을 택하여 **도량**을 정하시고 여러 사람의 **전도**를 널리 인도하심이 시대의 **급무**일까 하나이다."

대종사 때가 온 것을 짐작하시고 말씀하시었다.

"내가 세상에 나가기는 어렵지 아니하나 그대가 그 일을 **감당**하겠는가."

의공醫功 의술의 공덕.
양의良醫 의술이 뛰어난 의사.
항거抗拒 순종하지 아니하고 맞서서 반항함.
계교計較 의심하고 저울질하고 비교하는 것.
영부靈父 정신적 아버지.
험난險難 험하여 다니기에 위험하고 어려움.
협착狹窄 차지하고 있는 자리가 몹시 좁음.
광활廣闊 막힌 데가 없이 트이고 넓음.
도량道場 교법을 펼치고 마음을 닦는 장소, 곧 법도량.
전도前途 앞길. 전망.
급무急務 빨리 처리하여야 할 일.
감당堪當 일 따위를 맡아서 능히 해냄.

상인이 사뢰었다.

"소자 비록 물질이 많지 않고 정성이 부족하오나 능히 담당하겠나이다."

대종사 드디어 허락하시고 이로부터 정식으로 **회상** 여실 준비를 시작하시었다.

19. 대종사 서울에 가시어 **이동진화**李東震華를 만나시었다. 동진화 처음 뵈올 때에 **예배**치 아니하고 그대로 앉았다. 대종사 그를 한번 보심에 인물이 비범함을 인증하시고 말씀하시었다.

"사람이 세상에 나서 할 일이 둘이 있는 것이다. 하나는 정법의 스승을 만나서 **성불**하는 일이요, 둘은 **대도**를 성취한 후에 **창생**을 건지는 일인 것이다."

동진화 크게 깨친 바 있어 일어나 예배한 후 **궁가**宮家의 미한 인연을 헌신같이 버리고 일생을 수도에 **전심**하기로 발원하였다.

회상會上 종교 교단. 여기에서는 원불교 교단의 다른 말.
이동진화李東震華 278p 인물 주석 참조.
예배禮拜 거룩하고 성스러운 대상에 대하여 존경하는 뜻을 가지고 절을 함.
성불成佛 부처의 경지에 도달하는 것. 성도(成道)·득도(得道)라고도 함.
대도大道 넓고 바른길.
창생蒼生 이 세상의 모든 사람, 또는 일체 중생.
궁가宮家 궁방(宮房)과 같은 말. 조선 시대에 왕실의 일부인 궁실(宮室)과 왕실에서 분가하여 독립한 대원군·왕자군·공주·옹주가 살던 집.
전심全心 온 마음.

제5장 사제제우장

20. 대종사 서울에 가시어 **이공주**李共珠를 만나시었다. 공주는 본시 **생가**와 **시가**가 부귀한 가문이요 일찍이 **신구학식**을 두루 갖추었다. 또한 **지취**志趣가 높아 세상의 모든 종교를 눈높이 보지 아니하고 마음에 매양 흡족한 바가 없었다. 그러나 대종사를 한번 뵈온 후 기쁜 마음이 날로 솟아올라 제자 되기를 원하였다. 대종사 허락하시며 물으시었다.

"그대의 원이 무엇인가."

공주 대답하였다.

"저는 전국 여성계를 좋게 만들려는 원을 가졌나이다."

대종사 말씀하시었다.

"그 원도 좋으나 **불보살**들은 **시방세계 일체중생**을 좋게 하여 주려는 원을 세우는 것이다. 그대는 한 개인이나 한 가정 한 국가에서만 귀엽게 여기는 구슬이 되지 말고 시방세계가 다 한가지로 귀엽게 여기는 구슬이 되라."

이공주李共珠 277p 인물 주석 참조.
생가生家 자기가 태어난 집.
시가媤家 시집(시부모가 사는 집)과 같은 말.
신구학식新舊學識 신학문과 구학문을 배워서 얻은 지식.
지취志趣 의지와 취향.
불보살佛菩薩 부처와 보살. 부처 또는 보살과 같은 인격자.
시방세계十方世界 시방에 있는 무수한 세계. 시방은 동·서·남·북·동남·서남·동북·서북·상·하의 열 가지 방향.
일체중생一切衆生 이 우주 안에 있는 모든 생명. 모든 사람. 깨치지 못한 범부 중생.

인연과보장
因緣果報章

06

인연과보장(因緣果報章)
현재의 인연과보에 대한 원인과 인과를 함부로 해석해서는 안 됨을 일깨워준 내용이다.

1. 대종사 득도하신 이듬해 어느 날, 김성섭八山을 데리시고 **영광읍**에 **장 구경**을 나가시었다. 어느 집에 들러 잠깐 쉬시는 동안 그 주인에게 물으시었다.

"이 집에는 **안주인**이 없는가."

주인 남자가 대답하였다.

"**소시** 이후로 여자만 얻으면 몇 달도 못 살고 나가 버리기 때문에 이렇게 혼자 몸으로 **곤궁**히 지냅니다."

대종사 들으시고 웃으시며 말씀하시었다.

"내가 좋은 여자 하나를 골라 줄 터이니 살아 보려는가."

그 주인이 반가이 대답하였다.

"그렇게 하여 주시면 천만 감사하겠습니다."

대종사 그 집에서 한참 동안 쉬어 앉아 계시니 많은 남녀가 장을 보러 가다가 그 집에 들어와 앉아서 쉬었다. 대종사 그 가운데 한 여자를 부르시더니 말씀하시었다.

"그대는 바깥주인이 있는가."

그 여자가 대답하였다.

득도得道 진리를 깨닫는 것. 오묘한 이치를 깨달음.
김성섭八山 269p 인물 주석 참조.
영광읍靈光邑 전라남도 영광군의 북부 중앙에 위치한 읍으로 영광군 군청 소재지.
장 구경 물건의 거래가 이루어지는 일정한 장소인 시장(市場)을 구경하는 것.
안주인 집안의 여자 주인.
소시少時 젊을 때.
곤궁困窮 생활이 매우 가난하고 어려움.

"**생이별**하고 혼자 지냅니다."

대종사 말씀하시었다.

"이 집 주인하고 같이 살면 어떠하겠는가."

그 여자가 처음에는 **대경실색**하고 거절하더니, 나중에 그 남자 주인을 **대면**하고 나서는 살아볼 뜻을 보였다. 대종사 그 남녀를 한자리에 불러 앉히시고 말씀하시었다.

"내가 두 분에게 옛이야기를 하나 하여 줄 터이니 들어 보라. 옛날 깊은 산속에서 수꿩과 암꿩이 재미있게 살다가 죽었는데 그 후로 두 꿩은 차차 좋은 몸을 받아 나오게 되어서 마침내 둘 다 사람 몸을 받게 되었다. 그러나 둘은 다 서로 좋은 인연을 얼른 만나지 못하고 **반평생**을 아들딸도 두지 못하고 이곳저곳으로 떠돌아다니면서 갖은 고생을 다 하였다. 그러다가, 우연히 **전생** 인연을 만나 다시 부부가 되어서 재미있게 살게 되었다."

두 사람이 대종사의 그 말씀을 듣고는 **부모상**을 당한 것처럼 함께 흐느껴 울었다. 대종사 다시 말씀하시었다.

"그러기 때문에 사람이 인연을 잘 지어야 하니 이 말을 깊이 들어 두라."

대종사 그 집을 나와 장을 보시고 돌아가시는 길에 성섭에게 말씀하

생이별生離別 혈육이나 부부가 어쩔 수 없는 사정으로 만날 기약 없이 헤어짐.
대경실색大驚失色 몹시 놀라 얼굴빛이 하얗게 질림.
대면對面 서로 직접 얼굴을 마주 대함.
반평생半平生 평생의 절반(折半)이 되는 동안.
전생前生 이 세상(世上, 현생)에 태어나기 이전의 세상.
부모상父母喪 아버지나 어머니의 초상이 난일.

시었다.

 "그대는 오늘 내가 이야기한 뜻을 알았는가. 그 두 사람이 전생에 꿩 **내외**라, 자기들 전생 일을 말해 주었더니 그렇게 흐느껴 울더라. 사람의 **영생**에 **인연작복**이 제일 큰일이 되는 것이다."

2. 총부 과수원에 **제충**을 하려 하는데 무수한 **살생**을 하게 되므로 대중이 서로 주저하였다. 대종사 말씀하시었다.

 "이는 **연고**가 있는 일이며, 또는 **대도사업**을 위하는 일이니 **과보**는 염려 말라. 과보는 교중과 내가 담당하리라."

 대중이 그 말씀을 듣고 안심하고 제충작업을 하였다. 그 후 어느 날 총부 근처 **수리방죽**이 가뭄으로 거의 말랐는데, 이웃 마을 사람들이 물고기를 많이 잡고 있었다. 총부 대중 몇 사람이 지나가다가 그것을 구경하던 중, 한 사람이 전일 대종사의 말씀을 본떠 말하였다.

 "동지 중에 누구든지 돈을 내서 이 싼 물고기를 많이 사 가지고 **대중공양**을 한번 해라. 살생한 과보는 내가 전부 담당하리라."

내외內外 남자와 여자. 부부와 같은 말.
영생永生 영원한 세상. 세세생생.
인연작복因緣作福 좋은 인연을 지어서 복을 장만함.
제충除蟲 약품 따위로 해충이나 기생충 따위를 없앰.
살생殺生 사람이나 짐승 따위의 생물을 죽임.
연고緣故 사유(事由). 까닭. 그럴 수도 있다고 객관적으로 인정되는 까닭.
대도사업大道事業 사람이 마땅히 지켜야 할 큰 도리를 행하는 일. 넓고 바른길을 가는 일.
과보果報 지은 바(원인)에 따라 받게 되는 결과. 인과응보의 준말.
수리방죽水利-- 식용, 공업용 또는 농사를 짓는 데에 필요한 물을 둑으로 둘러막은 못.
대중공양大衆供養 많은 대중에게 음식·옷·생활필수품 등을 올리는 일.

대종사 그 사실을 전해 들으시고 매우 놀라시며 말씀하시었다.

"그 사람이 어찌 그렇게 무서운 말을 함부로 하리요. 사람이 말 한마디로 수천 생 **지옥고**에 떨어지기도 하고 수백 생 **축생보**를 받기도 하는 것이다. 그 말이 어떤 말이라고 그렇게 함부로 하리요."

대종사 그 제자를 불러 바로 **참회**의 **심고**를 올리게 하시고 '그 말을 고치라.'고 하시었다.

3. 대종사 말씀하시었다.

"**천지**의 행하는 도를 보아도 어느 해에는 너무 가물어서 사람을 괴롭게 하고, 어느 해에는 너무 장마 져서 또한 사람을 괴롭히는 수가 있는 것이다. **외면**으로 보면 그 행하는 도가 고르지 못한 것 같으나 천지가 **만물**을 다스릴 때 **종종**의 **변고**와 **재앙**을 내리기도 하고 **풍우**의 **순조**와 **상서**를 내리기도 하는 것은 비컨대 부모가 자녀를 다스릴 때 혹은 엄

지옥고地獄苦 죽어서 지옥에 떨어져 괴로운 과보를 받게 되는 것.
축생보畜生報 축생의 몸을 받아 태어나게 되는 과보.
참회懺悔 자신이 범한 죄나 과오를 깨닫고 뉘우치는 일.
심고心告 마음속으로 자기의 느낌을 고백하며 뜻과 같이 이루어지기를 비는 것.
천지天地 하늘과 땅. 우주 또는 세상.
외면外面 겉면(겉으로 드러나 보이는 면)과 같은 말.
만물萬物 세상에 있는 모든 것. 우주 안에 있는 일체의 사물을 통칭하는 말.
종종種種 모양이나 성질이 다른 여러 가지.
변고變故 갑작스러운 재앙이나 사고.
재앙災殃 뜻하지 아니하게 생긴 불행한 변고. 또는 천재지변으로 인한 불행한 사고.
풍우風雨 바람과 비.
순조順調 일 따위가 아무 탈이나 말썽 없이 예정대로 잘되어 가는 상태.
상서祥瑞 복되고 길한 일이 일어날 조짐.

제6장 인연과보장

하게도 혹은 **화하게**도 하여 **상벌**을 **겸행**하는 것과도 같은 것이다. 이 이치를 모르는 사람들은 **공연히** 천지를 원망하기만 하나, **깨치신 분들**은 그 **연유**를 아는 고로 모든 일에 조심하여 새로운 복을 지을지언정 이미 돌아오는 재앙에 원망은 하지 아니하는 것이다."

화하게和-- 마음, 태도 따위가 따뜻하고 부드럽게.
상벌賞罰 상과 벌.
겸행兼行 여러 가지 일을 겸하여 함.
공연히空然- 아무 까닭이나 실속이 없게.
깨치신 분 진리를 깨달은 사람.
연유緣由 일의 까닭이나 이유.

교화기연장
教化機緣章

07

교화기연장(敎化機緣章)
제자들의 출가 기연과 그들의 특성을 통하여 후대에 모범이 될 점을 밝혀준 내용이다.

1. 김대거金大擧는 어려서부터 기개가 호방하고 국량이 광활하여, 일찍이 일생을 천하에 방랑하며 농세弄世로써 소일할 뜻이 있었다. 하루는 조모 노덕송옥盧德頌玉의 인도로 만덕산에서 대종사를 처음 뵈었다. 대종사 말씀하시었다.

"이 세상은 모든 사람이 각기 기국대로 일을 할 세상이다. 뜻 없이 방랑하면 세상에 빚이 되는 것이다. 불보살들은 시방세계를 자기의 일터로 삼고 육도사생을 자기의 권속으로 삼아서 그들을 제도하는 것으로 자신의 복락으로 삼으시는 것이다. 어찌 넓고 크지 아니하냐. 이것이 곧 세상을 참으로 크게 즐기는 길이 되는 것이다."

김대거 그 후 얼마 아니하여 출가하였다.

김대거金大擧 268p 인물 주석 참조.
기개氣槪 씩씩한 기상과 꿋꿋한 절개.
호방豪放 기개가 있고 작은 일에 거리낌이 없음.
국량局量 사람을 포용하는 도량(度量)과 일을 처리하는 능력이나 재주.
광활廣闊 막힌 데가 없이 매우 넓음.
방랑放浪 정한 곳이 없이 이리저리 떠돌아다님.
농세弄世 세상을 속이거나 비웃으며 놀림. 세상을 갖고 놂.
소일消日 어떤 일에 마음을 붙여 심심하지 않게 세월을 보냄.
노덕송옥盧德頌玉 271p 인물 주석 참조.
만덕산萬德山 전라북도 진안군·완주군·임실군 등 3개 군의 경계에 위치한 산. 여기에서 만덕산이라 함은 대종사가 12제자와 처음 선회를 열었던 만덕암을 뜻함.
기국器局 사람의 도량과 재능.
육도사생六道四生 육도는 중생이 죽어서 머무른다는 장소를 여섯 가지로 나눈 것. 곧 지옥·아귀·축생·수라·인도·천도. 사생은 생물이 태어나는 4가지 유형으로 태생(胎生)·난생(卵生)·습생(濕生)·화생(化生).
권속眷屬 한집에서 거느리고 사는 식구.

2. 대종사 말씀하시었다.

"우리 회상에 특색 있는 도인들이 많이 있느니라. 그 중 **박세철**朴世喆의 **겸양**과, **전삼삼**田參參의 **공경**과, **정일지**丁一持의 **정결**과, **김홍철**金洪哲의 **의기**와, **성정철**成丁哲의 **순진**과, **송혜환**宋慧煥의 **공심**과, **서대인**徐大仁의 **대의**도 다 후대 **수도인**들의 모범이 될 만하느니라."

3. 대종사 말씀하시었다.

"**이완철**李完喆은 어디 가든지 오직 그 일에 **성의**를 다할 뿐이요 따로 명예를 **계교**함이 없으며 모든 사람에게 두루 알뜰하되 **조작**과 **허식**이

박세철朴世喆 272p 인물 주석 참조.
겸양謙讓 자기를 내세우거나 자랑하지 않는 태도로 남에게 양보하거나 사양함.
전삼삼田參參 281p 인물 주석 참조.
공경恭敬 남을 대할 때 몸가짐을 조심스럽게 하고 받듦.
정일지丁一持 282p 인물 주석 참조.
정결淨潔 맑고 깨끗함.
김홍철金洪哲 270p 인물 주석 참조.
의기義氣 정의감에서 우러나오는 기개.
성정철成丁哲 275p 인물 주석 참조.
순진純眞 마음이 꾸밈없고 순박하여 참됨.
송혜환宋慧煥 276p 인물 주석 참조.
공심公心 자기 개인보다 교단 전체, 인류 전체를 우선하고 헌신 봉공하는 마음. 공익심의 준말.
서대인徐大仁 274p 인물 주석 참조.
대의大義 사람으로서 마땅히 지키고 행하여야 할 큰 도리.
수도인修道人 도를 닦는 사람. 온갖 번뇌나 속박, 미혹으로부터 벗어나려고 몸과 마음을 닦는 사람.
이완철李完喆 279p 인물 주석 참조.
성의誠意 진실 되고 정성스러움.
계교計較 의심하고 저울질하고 비교하는 것.
조작造作 어떤 일을 사실인 듯이 꾸며 만듦.
허식虛飾 실속은 없이 겉만 모양을 꾸밈.

없으니 이런 사람이 이른바 **진인**이니라."

4. 대종사 말씀하시었다.

"**이경순**李敬順은 여자의 몸으로 몸은 비록 작으나 **사기**가 떨어진 도인이니라."

대종사 이어 말씀하시었다.

"사람이 누구나 사기만 떨어지고 보면 천지라도 움직일 큰 힘이 생기느니라."

5. 박창기朴昌基는 어려서 **입교**하였으나 날과 달로 지혜와 **변재**가 출중하여지고 **식견**이 늘어갔다. 대종사 기꺼이 여기시며 말씀하시었다.

"창기가 입교하기 전날 밤 **비몽사몽 간**에 **법사** 한 사람이 보이더니 아마 그 법사의 **재래신**이 아닌가 생각된다."

진인眞人 거짓 없이 진실한 사람.
이경순李敬順 277p 인물 주석 참조.
사기邪氣 요망스럽고 악한 기운.
박창기朴昌基 273p 인물 주석 참조.
입교入教 원불교에 귀의하여 교도가 되는 것.
변재辯才 말을 잘하는 재주.
식견識見 보고 듣거나 배워서 얻은 지식과 견문.
비몽사몽간非夢似夢間 완전히 잠이 들지도 잠에서 깨어나지도 않아 정신이 어렴풋한 동안.
법사法師 불법의 진리에 정통하고 계행이 청정하여 중생을 교화하는 사람.
재래신在來神 예전부터 있어 전하여 내려오는 신. 여기에서는 전생의 모습.

6. 대종사 **박장식**朴將植이 출가하던 즉시로 **교중**의 **중책**을 맡기시었다. 한 제자가 대종사께 여쭈었다.

"장식이 세상 지식은 많이 배웠으나 **도가**에 들어온 시일이 옅어서 전문훈련이 부족한 터이온데 바로 그런 **중임**을 맡겨서 혹 실수 될 일이나 없을까 염려되옵니다."

대종사 말씀하시었다.

"사람의 근기가 다 같지 않거늘 어찌 **시일**의 **장단**만 논하리오. 저 사람은 앞으로 지내볼수록 마음의 진실 됨과 일에 공심 있음을 대중이 인증할 날이 있을 것이다. 장식은 **차후** 이보다 더 큰 일을 맡겨도 담당할 사람이니라."

7. 대종사 말씀하시었다.

"돌아오는 세상에는 집집과 **동리** 동리에 **무의무탁**한 **노유**를 보호하

박장식朴將植 273p 인물 주석 참조.
교중敎中 원불교 교단.
중책重責 무겁고 중요한 책임이나 직책.
도가道家 도덕을 가르치고 베푸는 종교가. 여기에서는 원불교를 의미함.
중임重任 중대한 임무.
근기根機 불법(교법)을 믿고 수행해 가는 능력 또는 자질.
시일時日 어떤 일을 마치기까지의 기간이나 기한. 때와 날.
장단長短 길고 짧음.
차후此後 지금부터 이후.
동리洞里 주로 시골에서, 여러 집이 모여 사는 곳.
무의무탁無依無托 몸을 의지하고 의탁할 곳이 없음.
노유老幼 늙은이와 어린이.

는 기관이 많이 나서 거리에 불쌍한 사람이 없고 혹 그러한 사람이 발견되면 서로 데려다 보호하려고 경쟁하기까지 하리라. 우리 회상에서 이 법을 개인적으로 먼저 실행한 사람은 **김계옥**金桂玉과 **전명철행**全明哲行이요, 이 법을 기관으로 시설하여 먼저 실행한 사람은 **황정신행**黃淨信行이니라."

8. 김성명화金性明華 하룻밤 비몽사몽 간에 돌문이 열리더니 그 가운데 좋은 보검 한 자루가 있었다. 곁에 있던 노인에게 그 연유를 물어보았더니 그 노인이 말했다.

"돌문이 열린 것은 앞으로 큰 운이 열릴 **징조**요 보검을 얻은 것은 모든 일을 잘 헤쳐 나갈 지혜를 얻음이라. 그대가 이 지혜의 칼을 보배로 잘 간직하여 두면 좋은 일이 많으리라."

성명화 홀로 기뻐하고 있던 차 대종사 부산에 오셨다는 소식을 들었다. 바로 찾아가 뵈오니 대종사 반가이 맞아 주시며 말씀하시었다.

"그대로 비롯하여 부산 **교세**가 많이 발전하겠도다."

대종사 총부로 올라가신 후 성명화 스스로 생각하였다.

김계옥金桂玉 268p 인물 주석 참조.
전명철행全明哲行 280p 인물 주석 참조.
황정신행黃淨信行 283p 인물 주석 참조.
김성명화金性明華 269p 인물 주석 참조.
돌문石門 돌로 만든 문.
보검寶劍 보배롭고 귀중한 칼.
징조徵兆 어떤 일이 생기기 이전에 그 일에 대해서 미리 보이는 여러 가지 조짐.
교세敎勢 종교의 형세. 또는 그 세력.

'무식하고 **빈한**하고 겸하여 홀로 된 보잘 것 없는 한낱 여자의 몸으로 내 가정 하나도 지탱할 줄 모르는 나에게 어찌 그 **과중**한 말씀을 하시는고.'

대종사 총부에서 **하서** 하시었다.

"그대는 걱정 말라. 천하의 **대사**가 모두 정한 바 있어 나타나느니라."

성명화 **일방** 두렵고 일방 기뻐하여 더욱 믿음을 굳게 바치고 법을 폈더니 의외로 많은 인연을 얻어 부산 교세가 날로 발전되었다.

빈한貧寒 가난하고 쓸쓸함.
과중過重 감당하기 어려울 정도로 벅참.
하서下書 웃어른이 주시는 편지.
대사大事 크고 중요한 일.
일방一方 어느 한쪽. 또는 어느 한편.

원기13년, 소태산 대종사 전음광의 일가족과 이리읍내 사진관에서(따옴)

08

일심적공장
一 心 積 功 章

일심적공장(一心積功章)
깨달음을 얻기 위해서는 오롯한 마음으로 오래오래 정진해야 함을 일깨워준 내용이다.

1. 대종사 말씀하시었다.

"정신이 **갈래**이면 큰 공부하기 어려우니 그대들은 **정전**正典 한 권에만 전 **심력**을 기울여서 큰 역량을 얻어 보라. 옛날 **사계**沙溪의 부친이 사계를 **구봉**龜峰에게 맡기면서 '앞으로 십 년 동안 자식을 만나보지도 않을 것이요, 일체 의식 용돈을 준비하여 보낼 터이니 맡아서 잘 가르쳐 달라.'고 하였다. 구봉이 말하기를 '방금 약속을 그대로 지켜준다면 내가 맡아서 한번 **공**을 들여 보겠다.'라고 하였다. 그 후 8년이 되어 사계의 부친이 **독자**를 한번 만나볼 마음이 간절해졌다. 가만히 한번 보고만 오리라 하고 구봉 선생 **처소**가 바라보이는 **고갯마루**까지 가서 앉아 있었다. 때마침 사계가 그 산에서 나무를 해서 내려오는데 그 **몰골**이 말이 아니었다. '그동안 무슨 글을 배웠느냐.'라고 물었더니 '8년 전 집에서 가지고 온 **사략**史略 1권도 다 못 떼었습니다.'라고 하였다. 사계의 부친이 어이가 없어서 곧 구봉에게 달려가 따졌더니 구봉이 말하기

갈래 혼란하여 갈피를 잡지 못하면.
정전正典 원불교 기본 교리의 강령을 밝힌 경전. 여기에서는 『육대요령』을 의미함.
심력心力 마음의 힘. 법력·마음의 지혜 광명.
사계沙溪 273p 인물 주석 참조.
구봉龜峰 267p 인물 주석 참조.
공功 어떤 목적을 이루는 데에 힘쓴 노력이나 수고.
독자獨子 외아들.
처소處所 사람이 살거나 임시로 머무는 곳.
고갯마루 고개의 가장 높은 자리.
몰골 사람의 볼품없는 모습이나 얼굴.
사략史略 『십팔사략(十八史略)』을 말함. 원(元)나라 증선지가 지은 중국 고대사를 담은 역사서. 초학자들이 읽기 쉽게 편찬한 전 2권.

를 '애써서 배우지 아니하고 잘 알면 더 좋지 않으냐.'라고 말하면서 사계에게 '집에서 가져온 모든 책들을 낱낱이 읽고 새겨보라.'고 하였다. 사계가 처음 보는 책이지마는 서슴없이 척척 읽고 새겨 내려갔다. 사계의 부친이 무안하여 구봉에게 **사죄**하며 '자식을 그대로 맡기고 갈 터이니 십 년을 채워 달라.'고 사정하였다. 구봉이 말하기를 '그대로 데리고 가도 **조선**에 이름은 있을 것이니 데리고 가라.'고 하였다.

큰 도에 드는 데에는 글 많이 보고 아는 것 많은 것이 도리어 장애가 될 수도 있으니 큰 공부 하려거든 **외길**로 나아가며 일심으로 **적공**하라."

2. 자손이 많고 **가산**이 부유한 **노부인** 한 사람이 **총부**에 **입선**하러 왔다가 1주일 만에 돌아가면서 대종사께 인사를 올리고 사뢰었다.

"제가 집에 없으면 고추장과 간장이며, 나무 곳간에 **장작**을 도둑맞아도 아들과 며느리는 모를 것입니다. 마음 놓고 **선**을 날 수가 없어서 갑니다."

그 노인이 떠난 후 대종사 제자들에게 말씀하시었다.

사죄謝罪 지은 죄나 저지른 잘못에 대하여 용서를 빎.
조선朝鮮(1392~1910) 이성계가 고려를 멸하고 세운 나라로 518년간 집권했던 왕조.
외길 한 가지 방법이나 방향을 선택하는 태도.
적공積功 오래오래 수행 정진하는 것.
가산家産 한집안의 재산.
노부인老婦人 늙은 여자를 높여 이르는 말.
총부總部 원불교 교단 전체를 통할하는 본부. 익산총부(원불교 중앙총부의 옛 이름)를 의미함.
입선入禪 교단 초창기 동선·하선 등의 정기훈련에 들어가는 것.
장작長斫 통나무를 길게 잘라서 쪼갠 땔나무.
선禪 여기에서 선(禪)은 정기훈련(동·하선)을 말함.

"사람의 **착심**이란 저렇게 무서운 것이다. 보이지 않는 노끈으로 단단히 묶여서 기약 없는 감옥으로 저렇게 끌려가는구나. 세상의 감옥은 나올 기약이나 있지마는 저 감옥에 한번 단단히 잡혀 들어가면 일생 내지 수천만 생 동안 나올 기약이 아득하다. 자기 집안 부근에서 엎치락뒤치락, 혹 기회와 인연을 좋게 만나면 사람 몸을 받을 수 있지마는 그렇지 못하면 **우마육축**이나 **금수곤충류** 등 닥치는 대로 몸을 받을 것이니, 참으로 두려운 일이다. 사람의 평생 일 가운데 착심 떼고 죽는 일이 제일 큰일이 되는 것이다."

3. 대종사 말씀하시었다.

"**수도**하는 사람이 **명예**에 팔려 남이 잘한다고 하면 기분이 좋아지고 **기운**이 나서 수도에 힘쓸 생각이 나고, 남이 몰라주거나 잘못한다고 하면 원망이 나오고 기운이 까라져서 수도에 힘쓸 생각이 들어가 버려서는 안 될 것이다. 또는 수도하는 사람이 이곳저곳으로 제 이름과 아는 것을 자랑하고 알리러 다니는 것은 명예를 팔고 다니는 장사꾼은

착심着心 집착하는 마음.
우마牛馬 소와 말.
육축六畜 집에서 기르는 대표적인 여섯 가지 가축으로 소, 말, 양, 돼지, 개, 닭.
금수禽獸 날짐승(날아다니는 짐승)과 길짐승(걸어 다니는 짐승).
곤충류昆蟲類 절지동물문(門) 곤충강에 속한 동물들을 일상적으로 이르는 말.
수도修道 도를 닦음.
명예名譽 세상에 널리 인정받아 얻은 좋은 평판이나 이름.
기운氣運 생물이 살아 움직이는 힘. 만물이 나고 자라는 힘의 근원.

될지언정 큰 도를 지닌 참 도인은 아니다. **세속**에서 장사하는 사람들도 귀중한 **보화**를 가진 장사는 그 보화 가진 것을 일반 사람에게 다 알리지는 아니하거든 하물며 큰 도를 가진 도인일까 보냐. 그러므로 큰 도인은 남이 알아주고 몰라주는 데 끌리지 아니하고 오직 자기의 할 **도리**만 지켜나가는 것이다."

4. 대종사 **상시일기**를 오래 계속하는 제자를 칭찬하시며 말씀하시었다. "상시일기장이 저승의 재판 문서이다. 일생 꾸준히 사실로만 적어 놓는다면 **염라국 최판관의 문초**는 틀릴지 몰라도 이 기록에는 틀림이 없을 것이다. 저 스스로 복이 얼마 쌓였는지 죄가 얼마 쌓였는지 미리미리 분명히 알게 될 것이다. 한평생 일기 공부에만 **불식지공**不息之功을 쌓아도 큰 공부의 실력을 얻게 될 것이다."

5. 대종사 **염불**방에서 말씀하시었다.

세속世俗 중생들이 사는 세상. 속세 또는 세간.
보화寶貨 보배로운 물건.
도리道理 마땅히 행해야 할 바른길.
상시일기常時日記 그날 하루의 유무념 처리와 학습 상황과 계문의 범과 유무를 반성하기 위한 수행일기.
염라국閻羅國 염라대왕이 다스린다는 저승. 사람이 죽어서 간다는 저승.
최판관崔判官 죽은 사람이 생전에 행했던 선악을 판단한다는 저승의 벼슬아치.
문초問招 죄인을 심문함.
불식지공不息之功 쉬지 않고 천천히 늘 꾸준하게 하는 일.
염불念佛 '나무아미타불'을 연속하여 부르며 산란한 정신을 일념으로 만들기 위한 공부법.

"알뜰한 염불 한 마디에 **영단**이 **좁쌀** 하나 만큼씩은 뭉쳐질 것이다."

6. 한 제자가 대종사께 여쭈었다.

"**견성성불**이라 하였사오니 견성하는 즉시로 **부처**를 이룬다는 말이오니까?"

대종사 깜짝 놀라시며 말씀하시었다.

"그대가 잘 물었도다. **성품**을 보는 것은 마치 글씨 배우려는 사람이 선생을 만나 좋은 **글씨체**를 받아 온 것과 같고, **수繡** 배우려는 사람이 좋은 **수본**을 얻어온 것과 같은 것이다. 그러므로 견성을 하였다 하여 만족을 느끼고 그다음 공부에 등한하다면 글씨 배우려는 사람이 겨우 글씨체만 받아 놓고 있는 것 같고 수놓으려는 사람이 수본만 얻어다 놓고 그대로 있는 것 같은 것이다. 실은 견성은 그리 어려운 것이 아니다. 자기가 본 그 성품과 같이 원만하고 밝고 바르게 자기 성품을 활용하여 **복족 혜족**한 부처가 되는 데에 큰 힘이 드는 것이다. 앞으로 **인지**

영단靈丹 깊은 수양으로 얻어진 신령스러운 마음의 힘. 심단(心丹)과 같은 말.
좁쌀 조의 열매를 찧은 쌀. 작은 것을 비유적으로 이르는 말.
견성성불見性成佛 성품을 보아 깨닫고 부처를 이룸.
부처佛 깨달은 자[覺者].
성품性禀 본래 마음. 본성(本性), 곧 태어나면서부터 본래적으로 지닌 성질.
글씨체 일정한 모양새와 격식에 따른 글씨의 본보기. 글씨를 써 놓은 모양새.
수繡 헝겊에 색실로 그림이나 글자 따위를 바늘로 떠서 놓음.
수본繡本 수를 놓도록 종이나 헝겊 따위에 어떤 형상이나 무늬를 그려 놓은 도안.
복족혜족福足慧足 선업을 많이 지어서 복덕을 많이 장만하고, 지혜를 많이 닦아서 지혜가 밝다는 말.
인지人智 사람의 슬기나 지식.

가 많이 발달하면 십여 세만 넘으면 대개 **초견성**은 할 것이요 성불을 위하여 큰 **공력**을 들이게 될 것이다."

7. 대종사 말씀하시었다.

"**수양**이 깊은 큰 도인들이 **경계**를 당하는 것은 마치 큰 바다가 바람을 만나되 겉은 **동**하나 속은 **여여**한 것 같은 것이다. 설혹 큰 경계를 당하여도 그 마음이 움직이지 아니하고 설혹 마음이 움직이더라도 **본성**에 가서는 조금도 흔들리는 바가 없어서, 항시 동하여도 항시 **정**하고, 항시 정하여도 항시 동하여 동정이 한결같은 것이다."

8. 대종사 말씀하시었다.

"참으로 **공부**할 줄 아는 사람은 좋은 경계나 낮은 경계를 당할 때 경계를 당했다고 생각지 아니하고 **정히** 이때가 공부할 때가 돌아왔다고 생각하여, 경계에 휩쓸려 넘어가지 아니하고 그 경계를 능히 질 부려 쓰는 것이다."

초견성初見性 성품을 보는 것이 열리기 시작함.
공력功力 어떤 일을 이루기 위해 공들이고 애쓰는 것.
수양修養 도를 닦고 덕을 기름. 정신수양의 준말.
경계境界 일상생활 속에서 부딪치게 되는 모든 일들.
동動 움직일 때. 활동할 때.
여여如如 있는 그대로의 모습.
본성本性 사람이 선천적으로 타고난 성질. 본래 마음, 자성, 불성, 진성.
정靜 고요할 때. 움직이지 않고 쉴 때.
공부工夫 진리를 배우고 실천하는 것.
정히正- 진정으로 꼭.

9. 정정요론定靜要論을 해석하는 시간에 대종사 말씀하시었다.

"수도하는 이가 큰 **발심**이 나 가지고 공부가 어느 정도 깊어지면 자연 큰 **의심** 하나가 생겨나서 일체 의심이 그 의심 아래 잠을 자고, 자나 깨나 보나 들으나 **어묵동정**이 다 의심으로 **화하여** 온 천지가 그 의심 안에 들어 있다가 **홀연히** 한 생각을 얻어 그 의심을 부수고 나면 일체 의심이 다 풀어지고 그로 좇아 참 지혜가 **발하나니**, 지금 그대들 가운데 보고 듣고 생각해서 아는 지혜는 참 지혜를 얻어 들어가는 첫 문에 첫걸음이 되나니 그것으로써 만족하지 말라."

10. 대종사 말씀하시었다.

"큰 도를 닦는 이는 **정**과 **혜**를 같이 운전하여야 되나 항시 정 위에 혜라야 참 혜가 되고 큰 사업을 하는 이는 **덕**과 재주를 같이 **병진**하여야 되나 덕 위에 재주라야 참 재주가 되나니, 이 두 가지가 골라 맞은 사람

정정요론定靜要論 대종사의 저술인 초기교서『수양연구요론』에 있는 글.
발심發心 마음을 일으킨다는 뜻. 깨달음을 구하려는 마음을 일으킴.
의심疑心 보다 확실한 해답을 얻기 위해 깊이 탐구하는 마음.
어묵동정語默動靜 말하고 침묵하고 행동하고 고요히 있다는 뜻으로, 일상적인 언동의 일체를 가리키는 말.
화하여化-- 상태가 변화하여.
홀연히忽然- 미처 생각지도 못한 사이에 갑작스럽게.
발하나發-- 생기게 하거나 일어나게 하다.
정定 산란한 마음을 한곳에 모아 두렷하고 고요한 경지에 머물러 있는 것.
혜慧 지혜.
덕德 따뜻하게 감싸주는 포용력. 공정하고 남을 넓게 이해하고 받아들이는 마음이나 행동.
병진竝進 함께 앞으로 나아감. 어느 한편에 치우치지 않고 아울러 함.

이라야 흠 없는 인격이 되는 것이다."

11. 대종사 말씀하시었다.

"**외부 이목구비**로 발하는 지혜 **총명**은 쓸 때만 **존절히** 쓰고 항시 가두어 두면 안으로 마음이 밝아져서 참 지혜가 되나니, 그러므로 수도하는 사람이 침묵 지키는 때가 많아야 한다."

12. 대종사 **육조 대사**의 **법문**을 **인거**하여 말씀하시었다.

"**자성**을 떠나지 아니하는 공부가 **간단없는** 큰 공부요, **응하여** 써도 상을 내지 않는 덕이 **무루**의 큰 공덕이 되는 것이다."

13. 대종사 말씀하시었다.

"수양이 깊고 공부가 깊은 사람의 말은 들을 때에는 **별스럽지** 않은

외부外部 물체나 일정한 범위의 바깥쪽.
이목구비耳目口鼻 귀·눈·입·코를 아울러 이르는 말. 또는 귀·눈·입·코를 중심으로 한 얼굴의 생김새.
총명聰明 영리하고 기억력이 좋으며 재주가 있음.
존절히 행동 따위를 알맞게 절제하는 데가 있게.
육조 대사六祖大師 277p 인물 주석 참조.
법문法門 진리를 깨친 사람의 가르침. 법(法)은 진리나 도를 의미하고, 문(門)은 드나든다는 뜻.
인거引據 인용하여 근거로 삼음.
자성自性 인간에 갖추어진 본성이라는 의미.
간단間斷 계속되던 것이 잠시 그치거나 끊어짐.
응應하여 대하여 답하다.
상相 생각하는 것, 생각·관념. 곧 아상·인상·중생상·수자상의 사상(四相).
무루無漏 누(漏)는 번뇌의 다른 이름. 번뇌를 떠났다, 번뇌가 없다, 번뇌와 함께 있지 않다는 뜻.
별스럽지 보통과 다르고 이상한 데가 있지.

것 같아도 오래 갈수록 새로우며 **실생활** 하는 데에 부려 쓸 것이 많고, 수양이 얕고 공부가 없는 사람의 말은 들을 때에는 그럴듯하나 오래 가지 못하고 실생활 하는 데에 부려 쓸 것이 없다."

14. 대종사 **선원** 대중에게 '휴휴암좌선문'을 종합하여 말씀하시었다.
 "청정 무애한 본성자리를 회복시켜서 성품 그대로 천만 **사념**과 **망상**이 일어나지 못하게 주저앉히는 것이 좌坐 공부요, 청정 무애한 본성과 같이 천만 **경계**를 **응용**할 때에 끌리지 아니하고 **부동행**을 하는 것이 선禪 공부이다."

15. 대종사 말씀하시었다.
 "불공을 하는 데에는 **천지만물 산부처님**에게 **실지불공**을 하는 법도

실생활實生活 이론이나 공상이 아닌 실제의 생활.
선원禪員 선원(禪院)·선방(禪房)에서 수행하는 사람. 여기에서의 선원은 원불교 총부에서 정기훈련에 참여한 대중.
휴휴암좌선문休休庵坐禪文 중국 원(元)나라 말기의 선승인 몽산덕이(蒙山德異)가 지은 글. 원불교의 보조경전인 『불조요경』에 수록됨.
청정淸淨 더럽거나 속되지 않고 맑고 깨끗함.
무애無碍 무엇에도 방해받지 않고 자유로움.
회복回復·恢復 원래의 좋은 상태로 되돌리거나 원래의 상태를 되찾음.
사념邪念 악의나 음모를 감춘 부정한 생각.
망상妄想 이치에 맞지 않는 망녕된 생각.
경계境界 인과의 이치에 따라서 일상생활 속에서 부딪치게 되는 일.
응용應用 어떠한 원리를 실제로 활용하는 것.
부동행不動行 경계에 부딪쳐서도 거기에 흔들리거나 움직이지 아니하는 행동.
불공佛供 정성을 다해 부처를 받듦.
천지만물天地萬物 사람이 사는 세상의 영역에 있는 갖가지 모든 것.

있고 또는 **허공법계 진리 부처님**에게 **진리불공**을 하는 법도 있는 것이다. 이 두 가지 불공의 **효력**이 빠르고 더디기는 각자의 정성과 적공 여하에 있는 것이다."

산부처 부처처럼 깨달음을 얻은 수행자, 또는 아주 착하고 어진 사람을 부처에 비유할 때 쓰는 말.
실지불공實地佛供 실제 대상에게 올리는 불공.
허공법계虛空法界 허공처럼 텅 비어 보이지 않는 신령스러운 세계.
진리부처眞理佛 법신불(法身佛)의 다른 말. 일원상을 진리불이라고 함.
진리불공眞理佛供 형상 없는 허공법계를 통하여 법신불께 올리는 불공.
효력效力 한 일에 대하여 돌아오는 좋은 결과.

『육대요령(원기17년 발간)』에 실린 소태산 대종사 진영

영보도국장
靈 寶 道 局 章

09

영보도국장(靈寶道局章)
국한 없는 불보살들과 작고 좁은 중생들의 차이점과 수도인이 경계해야 할 내용이다.

1. 대종사 말씀하시었다.

"중생들은 작은 벽장 몇 칸을 가지고 보물 담는 **보고**로 삼고, 혹은 불이 날까 걱정, 혹은 도둑이 들까 걱정, 없으면 없어서 걱정, 있으면 있어서 걱정, 그리하여 걱정 중에 지내지마는 **불보살**들은 너른 천지만물 허공법계를 보물 담는 보고로 삼고 **다생겁래**에 마음대로 그곳에 저축도 하고 또 내어 쓰기도 하므로 도둑과 불의 염려도 없는 것이다. 그대들은 이렇게 넓고 완전한 보고에 무궁한 보물을 저장하여 두고 마음대로 한번 내어 써 보라."

2. 대종사 말씀하시었다.

"수도인이 **신身·구口·의意 삼업**만 **청정**히 하면 그 몸이 곧 **아미타불**이 **좌정**하고 계시는 **정토극락**이요 **제불제성**이 장엄하고 계시는 **불국세계**라, **제천제신**이 밤낮 없이 **호위**하여 줄 것이다."

보고寶庫 귀중한 물건을 간수해 두는 창고.
불보살佛菩薩 부처와 보살. 부처 또는 보살과 같은 인격자.
다생겁래多生劫來 아주 오랜 시간 계속 된 여러 생.
신구의身口意 몸·입·마음.
삼업三業 몸과 입과 마음으로 짓는 모든 업. 곧 신업·구업·의업.
청정淸淨 더럽거나 속되지 않고 맑고 깨끗함.
아미타불阿彌陀佛 대승불교에서 서방정토(西方淨土)에 머물면서 법(法)을 설한다는 부처.
좌정坐定 자리를 잡아 앉음.
정토극락淨土極樂 정토 또는 서방정토, 극락세계와 같은 말.
제불제성諸佛諸聖 시방삼세를 통해 존재해 온 모든 불보살과 성현.
불국세계佛國世界 부처와 보살이 머물고 있는 세계.
제천제신諸天諸神 모든 천상계와 모든 신.
호위護衛 따라다니며 보호하고 지킴.

3. 대종사 말씀하시었다.

"대인은 천지 살림과 **합산**을 하므로 넓고 크고 넉넉하고 활발하지마는 소인들은 천지 살림에서 제 살림을 갈라내었기 때문에 좁고 작고 여유가 없고 부자유한 것이다."

4. 대종사 말씀하시었다.

"세상 사람들은 **인권**人權 쓰기는 좋아하나 **천권**天權 잡아 쓰는 데에 마음을 두는 이는 많지 않다. 인권 잡기 위해 들이는 **공력**을 천권 잡는 데에 들이면 인권도 충분히 잡아 쓸 수 있다."

5. 대종사 말씀하시었다.

"세상 사람들이 **여의보주**와 **해인**海印을 **경전** 가운데에서나 **명산대천**에서 찾아보려고 애쓰고 있다. 그러나 그러한 사람은 마치 물에서 달을 건지려고 애쓰는 것 같아서 평생 **정력**만 소모하고 세월만 허비하고

합산合算 둘 이상의 값이나 점수 따위를 합하여 셈함.
인권人權 인간이 인간으로서 가지는 기본적 권리.
천권天權 하늘이나 신과 같은 절대자가 행하는 권리.
공력功力 어떤 일을 이루기 위해 공들이고 애쓰는 것.
여의보주如意寶珠 용이 지니고 있다고 전해지는 신비한 구슬로 무엇이든지 마음대로 이룰 수 있는 권능을 비유한 표현.
해인海印 우주의 모든 이치를 깨달아 아는 부처님의 지혜. 만법을 관조하는 것이 마치 바다가 만상을 비추는 것과 같음을 비유하는 말.
경전經典 종교 교단에서 그 종교의 중심적 교리를 설명하여 기록한 책.
명산대천名山大川 이름난 산과 큰 내.
정력精力 몸과 마음의 힘이나 능력.

말 것이니 어찌 어리석지 아니하리오. 자기의 마음을 얻어 보아서 마음 가운데 욕심 구름을 걷어 버리며 그 마음에 **적공**을 들여서 하고 싶은 것과 하기 싫은 것에 **자유자재**할 힘만 있고 보면 그가 곧 여의보주인 것이다.

생각을 속에 넣어 두고 나오지 아니하게 하면 곧 **입정**이 되고, 밖에 내어놓고 들어오지 아니하게 하면 곧 **출정**이 되는 것이다. 무슨 일이든지 마음 한번 먹는 대로 되는 사람은 곧 여의보주를 얻은 사람이요 해인을 얻은 사람인 것이다."

6. 대종사 말씀하시었다.

"세상 보물은 아무리 좋은 보물이라도 갈고 단련할수록 소모가 되지마는 우리의 성품 자리는 단련할수록 광채가 나고 불어나나니 이 세상에 공들여서 제일 큰 이익이 나오는 것은 성품을 단련하는 길인 것이다."

7. 대종사 말씀하시었다.

"**마왕 파순**이는 곧 중생의 마음속의 욕심인 것이다. 그러므로 욕심

적공積功 오래오래 수행 정진하는 것.
자유자재自由自在 자유롭고 거침이 없이 자기의 뜻대로 할 수 있음.
입정入定 선정(禪定, 일체의 번뇌 망상이 끊어진 본래 마음에 머묾)에 들어가는 것.
출정出定 선정(禪定)의 상태에서 나오는 것.
마왕파순魔王波旬 온갖 방법으로 수행인을 괴롭히며 욕계 제6천을 주재한다는 마왕의 이름. 수행인의 마음속에 있는 수많은 번뇌 망상을 상징함.

으로부터 일어나는 군사가 **팔만사천**이나 되어서 혹은 **순경**順境으로 나타나고 혹은 **역경**으로 나타나서 **출입**이 자재自在하고 조화가 무궁하여 수도인의 앞길을 막고 방해하나니 그에 속아 넘어가지 말 것이다."

8. 대종사 말씀하시었다.

"그대들은 지옥과 **천당**을 구경하고 싶지 아니한가. 첫 지옥은 곧 중생의 마음이 사는 각자의 몸이요, 둘째 지옥은 중생의 몸이 사는 각자의 집이요, 셋째 지옥은 그러한 뭇 중생이 모여 사는 각자의 국토인 것이다. 또한, 첫 천당은 곧 불보살들의 마음이 사는 불보살의 몸이요, 둘째 천당은 불보살들의 몸이 사는 **청정도량**이요, 셋째 천당은 불보살들이 사는 **천상락** 세계인 것이다."

9. 한 제자가 대종사께 여쭈었다.

"**출가위** 이상에 오른 노인들도 마음에 욕심이 나나이까."
대종사 말씀하시었다.

팔만사천八萬四千 인도에서 많은 수를 말할 때 흔히 사용.
순경順境 순조롭고 편안한 상황.
역경逆境 힘들고 어려운 상황.
출입出入 어떤 곳을 드나듦.
천당天堂 천국. 극락정토. 낙원.
청정도량淸淨道場 더럽거나 속되지 않고 맑고 깨끗한 불도(佛道)를 닦고 펼치는 장소.
천상락天上樂 도(道)로써 즐기는 즐거움.
출가위出家位 여섯 가지 법위등급 중의 다섯 번째 단계. 원근친소와 자타의 국한을 벗어난[出家] 두렷하고 바른 스승의 위.

"저 땅에 풀이 나는 것과 같나니 농사 잘 짓는 농부는 매년 농사에 언제나 부지런히 좋은 곡식 싹은 남겨 놓고 못 쓸 풀은 뽑아내는 것이다. **세세생생** 마음공부도 이러하면 곧 **불퇴전**이다."

10. 한 제자가 대종사께 여쭈었다.

"사람이 **진급기**에 가면 **팔만 사천 세**를 산다 하오니 사실로 그러하나이까."

대종사 말씀하시었다.

"하루 사는 모기는 사람이 백 세를 산다하면 웃을 것이니, 팔만 사천 세가 그리 많은 **수한**은 아니다. **영계**에서는 **영단**이 잘 뭉쳐진 이가 한 생 동안에 수백억만 년을 사는 수도 있는 것이다."

11. 대종사 말씀하시었다.

"무슨 일이든지 **일심적공**으로 마음만 **단심**이 되면 **조화**가 생기는 것

세세생생世世生生 태어나고 죽음을 되풀이 하는 수많은 생애.
불퇴전不退轉 수행을 통해 도달한 불보살의 경지에서 퇴보하지 아니함.
진급기進級期 신앙과 수행을 열심히 하여 중생 세계로부터 불보살 세계로 나아가는 때.
팔만사천세八萬四千歲 한없이 많은 나이.
수한壽限 타고난 수명. 또는 목숨의 한도.
영계靈界 영혼의 세계. 사람이 죽은 뒤에 영혼이 가서 산다는 세계.
영단靈丹 깊은 수양으로 얻어진 신령스러운 마음의 힘. 심단(心丹)과 같은 말.
일심적공一心積功 온전한 마음으로 오래오래 수행 정진하는 것.
단심丹心 삿됨이 없이 정직하고 정성스러운 마음.
조화造化 어떻게 이루어진 것인지 알 수 없을 정도로 신통하게 된 일.

이다. 민 **충신**은 충의가 단심이 되매 피가 어려 죽순으로 화하였고, **이 차돈**은 **도심**이 단심이 되매 목에 피가 흰 젖으로 화하였으며, 우리 9 인은 신성이 단심이 되매 맨손가락으로 **혈인**을 낸 것이다. 이런 진리를 모르는 사람들은 혹 믿지 못하고 부인도 하나, 저 물을 보라. 물같이 부드러운 것이 없지마는 추위가 극하매 **은산 철벽**같이 부술 수 없는 단단한 물건이 되지 않는가. 과연 마음만 단심이 되면 못할 일이 없는 것이다."

12. 대종사 말씀하시었다.

"내 법을 안다고 하는 사람은 보통 좋아하는 것만 가지고는 다 모르는 사람이다. 보면 볼수록 생각하면 생각할수록 들으면 들을수록 그저 미쳐버려야 다 아는 사람이다. 다른 스승에게 일생을 배워도 다 못 배울 것을 나에게서는 **상근**이면 들은 즉시 바로 알 것이요, 아무리 **하근**이라도 몇 달 또는 몇 해만 배우면 다 알게 되어 있지 않은가. 그대

민 충신閔忠臣 272p 인물 주석 참조.
이차돈異次頓 280p 인물 주석 참조.
도심道心 도를 구하고 실천하는 마음.
혈인血印 백지혈인(白指血印)을 의미함. 인주를 묻히지 않고 맨 손으로 찍은 도장이 핏빛으로 나타나는 이적.
은산철벽銀山鐵壁 은으로 된 산과 쇠로 된 벽. 은과 철은 뚫기 어렵고 산과 벽은 높아 오르기 어려움을 비유한 말.
상근上根 불법(교법)을 믿고 수행해 가는 능력 또는 자질이 가장 수승(殊勝)한 사람.
하근下根 불법(교법)을 믿고 수행해 가는 능력 또는 자질이 가장 낮은 정도의 사람.

들은 이 **법줄**을 타고 하루속히 **성불제중**의 구경에 도달하라. 이 법은 수만 년 내에 처음 나온 법이요 앞으로도 **수수만년** 흘러내려 갈 대도이다."

13. 대종사 말씀하시었다.

"**도문**에 들어와서 참 **신근**이 박힌 사람은 어떠한 경계 어떠한 일이라도 트집이 없는 것이다. 트집이 많이 생겨나면 그 사람은 가르치기 어려운 것이며 신근이 차차 엷어가는 증거이다. 이는 마치 어머니가 자식을 잘 기르려 하여 밥을 주어도 먹지 아니하고 트집만 내면 잘 기르기가 어려운 것 같은 것이다."

14. 한 사람이 **교당**에 **봉안**한 **심불 일원상**을 보고 마음에 **흔연히** 발심이 나서 **천리원정**을 멀다 않고 총부에 **내방**하여 대종사를 **배알**하고 출

법줄法- 법을 맥(脈, 줄기)에 비유한 것임.
성불제중成佛濟衆 진리를 깨쳐 부처를 이루고 자비방편을 베풀어 중생을 구제함.
수수만년數數萬年 여러 수만 년이라는 뜻으로, 헤아릴 수 없을 만큼 매우 오랜 세월.
도문道門 일원대도를 신앙하게 되는 것을 문(門)에 비유하는 말.
신근信根 믿음의 뿌리.
교당敎堂 원불교 교도들이 모여 각종 종교생활을 하는 장소.
봉안奉安 받들어 편안하게 모심.
심불일원상心佛一圓相 원불교 신앙의 대상인 법신불 일원상을 원불교 교단 초기에서 부르던 말.
흔연히欣然- 기쁘거나 반가워 기분이 좋게.
천리원정千里遠征 매우 먼 거리.
내방來訪 만나기 위하여 찾아옴.
배알拜謁 공경하는 마음으로 정중하고 조심스럽게 윗사람을 만나 뵘.

가 제자 되기를 간청하였다. 대종사 한번 보시매 그 사람이 세상 지혜가 많은 것을 아시고 아무 말씀 없이 며칠 동안을 두시었다. 그 사람이 답답증이 나서 대종사를 시험해 보아 **가부간** 결정을 내기로 하고 아무도 모르게 의심 건 몇 가지를 써서 대종사를 배알하였다. 대종사 미리 아시고 "그대가 써서 온 것을 내가 다 알고 있으니 그것을 이리 내어놓으라."고 하시며 그 의심을 일일이 풀어주신 뒤에 법명을 '**송현풍**宋玄風' 이라 주시므로 현풍이 내심에 두려움과 큰 믿음이 나서 그 후 수십 년 동안 계속하여 신성을 바쳤다.

15. 대종사 말씀하시었다.

"대도를 성취하려 하는데 순경이 역경만 못한 것이다. 그러므로 수도인은 순경이 올 때마다 무서운 독사를 만난 것같이 조심하는 것이다."

16. 대종사 말씀하시었다.

"사람의 정력을 소모하는 것은 **주색**과 같은 것이 없다. 그러므로 모든 성인이 수도하는 사람에게 주색을 멀리하라고 하신 것이다."

가부간可否間 옳거나 그르거나, 찬성하거나 반대하거나 어떻든 간에.
송현풍宋玄風 276p 인물 주석 참조.
주색酒色 술과 여자.

17. 대종사 말씀하시었다.

"**근래**에 도 닦는 무리 가운데 흔히 도인 되면 좋다는 말과 도 닦는 길 몇 가지만 알아서 그에 만족하며 제가 큰 도인이나 된 체하여 남을 가르치려 하고 대우만 받고자 하니 **통탄**할 일이다. 그는 마치 서울이 좋다는 말을 듣고 서울 가는 길 몇 가지만 알면 족하다고 하는 사람과 같나니, 제가 닦지 아니한 도를 닦아질 리 **만무**하고, 제가 가지 아니한 서울을 가질 리 만무하다."

18. 대종사 말씀하시었다.

"불보살들이 세상을 따라 중생을 제도하러 나온 때에는 자기 실력을 충분히 갖추어서 나오나 대개 먼저 **음부**陰府의 **인가**를 받아야 하므로 흔히 명산대천을 찾아 **심신**을 깨끗이 하고 기도를 올리는 것이다."

19. 대종사 말씀하시었다.

"모든 중생에게 큰 자비를 베푸시는 불보살들이나, 닥치는 대로 남을 해치는 **악독**한 **귀신**들이나, 실패하고 실망하여 우는 이를 도우려는 마

근래近來 가까운 요즈음.
통탄痛歎/痛嘆 몹시 탄식함. 또는 그런 탄식.
만무萬無 절대로 없음.
음부陰府 눈으로 볼 수 없는 진리세계.
인가印可 대상이 옳음을 소상하게 밝혀 인정함.
심신心身 마음과 몸.
악독惡毒 마음이 흉악하고 독함.
귀신鬼神 죽은 사람의 넋. 사람에게 화(禍)와 복(福)을 내려 준다는 신령(神靈).

음은 다 있나니, 실패 당한 사람들이여, 한때의 실패에 타락하여 **영생** 일을 크게 그르치지 말라."

20. 대종사 말씀하시었다.

"이 세상에 행복한 사람 둘이 있나니, 하나는 **제 힘**으로 제가 살아가는 사람이요, 둘은 제 힘으로 남들까지 살려주며 살아가는 사람이다."

영생永生 영원한 세상. 세세생생.
제 힘 자신의 힘.

『삼대요령(원기19년 발간)』에 실린 소태산 대종사 진영

도운개벽장
道運開闢章

10

도운개벽장(道運開闢章)
과거 어두운 선천과 달리 돌아오는 밝은 후천시대에는 정법이라야 영원히 전해진다는 내용이다.

1. 대종사 도문을 여신 지 몇 해 아니 되어 제자들에게 말씀하시었다.

"한겨울이 지나고 나서 새 봄철이 돌아오면 **천종 만물**의 각색 화초가 너도나도 움을 트고 나와서 제가 각기 제일 씩씩한 것처럼 자랑하고 있지마는 **숙살 만물**하는 **성숙기**를 당해 보면 그 **절개**가 각각임을 알 수 있다. 종교도 앞으로 **우후죽순**같이 **천교만교**가 이곳저곳에서 한정 없이 나와서 다 각기 **제 법**이 제일이라고 주장하고 나설 것이나, 결국 나라에서 또는 세계에서 종교의 **심판기**를 지내고 보면 그 진가를 알게 될 것이다."라고 하시고, **도실 상량**에 쓰셨던 '송수만목여춘립松收萬木餘春立 계합천봉세우명溪合千峰細雨鳴'을 해석하여 주셨다. 곧 '솔은 일만 나무의 남은 봄을 거두어 씩씩하게 서 있고, 시냇물은 일천 봉우리의 가는 비를 모아다가 큰 소리를 내리라.'

천종만물千種萬物 세상의 온갖 물건.
숙살만물肅殺萬物 가을날의 쌀쌀한 기운이 풀이나 나무 등을 스쳐 말려 죽이는 자연현상.
성숙기成熟期 성숙해 가는 기간.
절개節介/節槪 신념이나 신의 따위를 굽히거나 바꾸지 않는 강직한 태도.
우후죽순雨後竹筍 비가 온 뒤에 여기저기 솟는 죽순이라는 뜻으로, 어떤 일이 한때에 많이 생겨남을 비유적으로 이르는 말.
천교만교千敎萬敎 많은 종교.
제 법法 자신의 법.
심판기審判期 어떤 문제와 관련된 일이나 사람에 대하여 잘잘못을 가려 결정을 내리는 기간.
도실道室 방언조합실을 도실 또는 교실이라 이름 하였었음. 원불교 최초의 교당으로 오늘날 구간도실이라 부름.
상량上樑/上梁 건물 기둥에 보를 얹고 그 위에 올린 마룻대.

2. 대종사 말씀하시었다.

"세상에서 **비결**같이 전해 내려오는 말이, '하늘과 땅이 **맷돌**같이 딱 붙어서 둘둘 갈아서 천지를 일시에 **개벽**시켜 악한 자는 죽이고 선한 자는 살리어 새로운 세계를 창조한다.'라는 말이 있다. 그는 다름이 아니다. 땅의 운이 열려서 과학문명이 발달하여 **전만고**에 없던 물질문명을 개발시키고, 하늘 운이 열리어 도학을 발달시켜서 전만고에 없는 정신문명을 개발시킨다는 말이다.

과거에는 **도학**과 과학이 **병진**하지 못하여 **일방**의 **조각 문명**이 되었지마는 돌아오는 세상에는 도학과 과학이 병진하여 만고에 없던 **전반세계**가 돌아온다는 말씀이다. 그러므로 마음 착한 자는 새 **기운**을 받아서 좋은 세상에 살게 될 것이요, 마음 악한 자는 새 기운을 잘 받지 못하여 좋은 세상을 살지 못하게 될 것이다."

비결秘訣 세상에 알려져 있지 않은 비밀스러운 방법.
맷돌 곡식을 가는 데 쓰는 기구.
개벽開闢 천개지벽(天開地闢)의 뜻. 천개는 정신개벽 곧 도덕문명, 지벽은 물질개벽 곧 과학문명. 새로운 시대가 열리는 것을 비유적으로 이르는 말.
전만고前萬古 아주 먼 옛날부터 지금에 이르는 동안.
도학道學 윤리·도덕에 관한 학문.
병진竝進 함께 앞으로 나아감. 어느 한편에 치우치지 않고 아울러 함.
일방一方 어느 한쪽. 또는 어느 한편.
조각문명--文明 한 물건에서 따로 떼어 내거나 떨어져 나온 작은 부분의 문명.
전반세계÷盤世界 인류 사회에 올 것으로 예견되는 평등 이상세계.
기운氣運 생물이 살아 움직이는 힘. 만물이 나고 자라는 힘의 근원.

3. 대종사 말씀하시었다.

"**선천**에는 **음계**에서 **양계**를 지배하게 되므로 귀신들이 일체를 주장하게 되어 장난도 훨씬 심하였고 그들이 **인간계**를 누르고 살았으나, **후천**에는 양계에서 음계를 지배하게 되므로 인간들이 일체를 주장하여 살게 되는 까닭에 귀신들의 장난이나 세력이 없어지는 것이다."

4. 음부경陰符經에 '하늘이 **살기**殺氣를 발하면 별과 별이 자리를 옮기고, 땅이 살기를 발하면 용과 뱀이 먼저 육지에 일어나고, 사람이 살기를 발하면 천지를 뒤집는다.'라는 구절을 들으시고 대종사 말씀하시었다.

"천지 기운은 사람이 들지 아니하면 아무 변동과 조화가 나지 않는 것이다. 모든 사람의 마음이 악심으로 뭉쳐서 일심이 되면 **천지 기운**이 악화하여 온갖 **천재지변**이 나타나고, 사람들의 마음이 선심으로 뭉쳐서 일심이 되면 하늘에는 **상서** 별과 상서 구름이 뜨고 땅에는 **우순**

선천先天 지혜와 과학문명이 열리지 못한 어두운 세상. 지나간 세상.
음계陰界 귀신들이 사는 세상.
양계陽界 사람이 사는 세상. 또는 이 세상.
인간계人間界 사람이 사는 세상
후천後天 상생과 질서로 평등과 평화, 정신과 물질이 조화되는 문명세계. 밝은 양(陽)시대.
음부경陰符經 고대 중국의 황제가 지었다고 전하는 도가 경전의 하나. 음양상승술(陰陽相勝術)에 근거하여 치국과 용병을 말하고 있으며, 인간의 생사문제를 언급하고 있다. 대종사가 참고로 열람한 경전 중의 하나.
살기殺氣 독살스러운 기운. 남을 해치거나 죽이려는 기운.
천지기운天地氣運 하늘과 땅에 있는 기운.
천재지변天災地變 자연 현상으로 일어나는 재난이나 이변.
상서祥瑞 복되고 좋은 일이 일어날 조짐.

풍조雨順風調하여 오곡이 등풍하나니 사람들의 일심된 위력이 그렇게 무서운 것이다."

5. 대종사 어느 날 아침 선원 대중에게 물으시었다.

"앞으로 무서운 세상이 돌아오는데 어떻게 **처사**를 하여야 그 세상을 무사히 돌파할지 한 말로써 말하여 보라."

제자들 가운데 혹은 '도덕을 주장해야 살아난다.'라고 하는 사람도 있고, 혹은 '정법을 가져야 살아난다.'라고 하는 사람도 있고, 혹은 '일심을 가져야 살아난다.'라고 하는 사람도 있고, 혹은 '신성이 독실하여야 살아난다.'라고 하는 사람도 있었다. 그때 **박노신**朴老信은 "**온유**를 주장해야 살아난다."라고 사뢰었다.

대종사 들으시고 말씀하시었다.

"여러 사람의 말이 다 옳으나 노신의 말이 가장 나의 뜻에 맞는다. 돌아오는 세상에는 가정에 있으나 사회에 나오나 어느 곳에 있든지 띠습고 부드러운 사람이라야 **촉**이 없어서 사방에서 환영도 받을 것이요,

---

우순풍조雨順風調 비가 때맞추어 알맞게 내리고 바람이 고르게 붊.
오곡五穀 쌀, 보리, 콩, 조, 기장의 다섯 가지 곡식. 온갖 곡식.
등풍登豊 풍년이 듦.
처사處事 일을 처리함. 또는 그런 처리.
독실篤實 믿음이 두텁고 성실.
박노신朴老信 272p 인물 주석 참조.
온유溫柔 성격, 태도 따위가 온화하고 부드러움.
촉鏃 긴 물건의 끝에 박힌 뾰족한 것.

무서운 **난리**도 피할 것이다."

6. 대종사 말씀하시었다.

"부처님 말씀에 사람의 **수한**이 십 세 **정명** 때까지 내려가면 **말세**라 하였는데, 그는 십 세까지 내려가는 것이 아니라 백 세 이하는 다 십 세 정명으로 보는 것이다. **정히** 이때가 그때이다. 그러나 **갑자년**부터는 **진급기**에 있는지라 앞으로 사람들의 수한이 많이 늘어날 것이다."

7. 대종사 말씀하시었다.

"천지에도 부분적 **성주괴공**이 있어서 진급 **강급**이 있는바, 이 나라는 지금 진급기에 있는 것이다."

난리亂離 전쟁이나 병란(兵亂).
수한壽限 타고난 수명. 또는 목숨의 한도.
정명正命 정당한 수명.
말세末世 정치, 도덕, 풍속 따위가 아주 쇠퇴하여 세상의 종말이 임박한 시대.
정히正- 진정으로 꼭.
갑자년甲子年 육십갑자의 첫 해로 여기에서는 원불교가 익산에 총부를 건설한 1924(원기9)년을 이름.
진급기進級期 우주 대자연의 운행인 성주괴공(成住壞空)과 춘하추동(春夏秋冬)에서 성·주와 춘·하의 시기.
성주괴공成住壞空 불교의 시간관인 사겁(四劫)으로, 성겁(成劫)·주겁(住劫)·괴겁(壞劫)·공겁(空劫)을 줄여서 말할 때 쓰는 말. 불교에서 우주가 시간적으로 무한하여 생성소멸 변화하는 것을 설명하는 개념.
강급降級 우주 대자연의 운행인 성주괴공과 춘하추동에서 괴·공과 추·동.

8. 대종사 말씀하시었다.

"나타나 있는 **천지만물**을 다스리는 양계 **정사**政事나 숨어있는 **허공법계**를 다스리는 음계 정사가 그 원리는 서로 다르지 아니한 것이다. 그러나 양계에서는 욕심이 들어서 다스리므로 **투쟁**이 있지마는 음계에서는 진리로 하기 때문에 투쟁이 없는 **신선** 정사를 하게 될 것이다."

9. 대종사 말씀하시었다.

"양계에도 각자 **주인** 권과 **통치**분야가 있듯이 음계에도 각자 주인 권과 통치분야가 있는 것이다."

10. 대종사 말씀하시었다.

"선천 **음 시대**에는 상극의 기운이 돌게 됨에 따라 일체가 다 **상극**에 따라 되었나니, 첫째 나라 간에도 **강약**의 차가 심하여 약한 나라는 강대국의 밥이 되어야 살고, 만일 그렇지 아니하면 무력을 쓰게 되므로

천지만물天地萬物 사람이 사는 세상의 영역에 있는 갖가지 모든 것.
정사政事 정치 또는 행정상의 일.
허공법계虛空法界 허공처럼 텅 비어 보이지 않는 신령스러운 세계.
투쟁鬪爭 어떤 대상을 이기거나 극복하기 위한 싸움.
신선神仙 현실의 인간세계를 떠나 자연과 벗하며 산다는 상상의 사람.
주인권主人權 주인의 권리.
통치統治 나라나 지역을 도맡아 다스림.
음시대陰時代 어두운 시대로 과거의 억압되고 막히고 폐쇄된 사회.
상극相剋 두 사물이나 사람 사이가 서로 상충하여 맞서거나 해를 끼쳐 어울리지 아니함.
강약強弱 강하고 약함. 강자와 약자.

그에 따라 수천 년 동안 억울하게 **원한**을 품고 죽은 뭇 **군졸**들의 **원혼**이며, 또한 약한 여자로서 강한 남자에게 눌려 원한을 품고 죽은 원혼이며, 또는 **상사람**이 양반에게 또는 **서자**가 **적자**에게, 또는 젊은이가 늙은이에게, 이와 같이 억울하게 원한을 품고 죽은 원혼들이 천지에 **다북** 차 있으므로 천지도 기운이 다 돌지 못하고 막혀 있고, 또 그 원혼이 몰리는 곳에 혹 병으로도 화하고 혹 난리도 일어났다. 갑자 이후로부터는 후천 양 시대의 새 운이 열리기는 하였으나 아직도 다 돌아오지는 못하고 선천 음 시대의 **환란겁운**이 그대로 돌고 있으니, 이 시대가 천지 **혼란기**이다. 앞으로 그 원한의 기운이 몰려다니다가 터져서 장난을 치는 곳에는 **고금**에 보지 못한 무서운 난리나 병을 낼 것이니 그대들은 어떻게든지 그 몇 해 간을 잘 넘겨야 돌아오는 좋은 새 세상을 볼 것이다. 그 어려운 기간을 무사히 잘 넘기기로 하면 무엇보다 첫째 일심을 모아 기도를 올려서 모든 사람의 마음을 순하게 함으로써 천지에 맺혀 있는 악한 기운, 탁한 기운, 원한의 기운을 다 풀어주어서 천지 기운도 막힘없이 다 통하게 하는 것이 신성 있는 사람이며, 또한

원한怨恨 억울하고 원통한 일을 당하여 응어리진 마음.
군졸軍卒 예전에, 지휘자의 지휘를 받는 군인.
원혼冤魂 분하고 억울하게 죽은 사람의 넋.
상사람常-- 조선 중기 이후에 '평민'을 이르던 말.
서자庶子 양반과 양민 여성 사이에서 낳은 아들.
적자嫡子 정실(본처)이 낳은 아들.
다북 '다북하다'의 어근. 풀이나 나무 따위가 아주 탐스럽게 소복하다.
환란겁운患亂劫運 근심과 재앙이 있는 운수.
혼란기混亂期 뒤죽박죽이 되어 어지럽고 질서가 없는 시기.
고금古今 예전과 지금.

일반 사람들까지라도 그 해를 입지 않게 하여 주라."고 하시며, 기도를 올릴 때는 혹 간혹 나오셔서 중앙 **벽상**에 '**만물건판양생소**萬物建判養生所'라 써 붙여 주시기도 하였다.

11. 대종사 말씀하시었다.

"힘 있는 나라가 힘없는 나라를 **무력**이나 **모략**으로써 빼앗고 위협하는 것은 힘센 개가 힘없는 개를 물고 누르는 것과 같나니 돌아오는 문명한 세상에서는 그러한 **금수** 같은 일은 아니 할 것이다. 약한 나라를 덕과 의리로써 북돋아 주면 이편이 약해질 때 결국 덕과 의리로써 돕는 나라가 생겨날 것이요, 이편이 무력과 **권세**로써 침략을 받게 되면 또한 도움을 받게 될 것이니 이는 **천하**의 진리가 곧 주는 이가 받는 이가 되기 때문이다."

12. 대종사 말씀하시었다.

"개인이나 나라나 간에 의義 아닌 짓을 정도밖에 함부로 하면 사람은 비록 **제재**하지 못하더라도 하늘이 반드시 제재하고 마나니, 그러므로

벽상壁上 벽면의 위쪽 부분.
만물건판양생소萬物建判養生所 천지만물을 새롭게 살려내는 곳.
무력武力 군사상의 힘.
모략謀略 계책이나 책략. 사실을 왜곡하거나 속임수를 써 남을 해롭게 함.
금수禽獸 날짐승(날아다니는 짐승)과 길짐승(걸어 다니는 짐승).
권세權勢 권력과 세력.
천하天下 하늘 아래 온 세상.
제재制裁 일정한 규칙이나 관습의 위반에 대하여 제한하거나 금지함.

지각이 있는 사람이나 나라는 남의 제재가 오기 전에 저 스스로 제재하므로 천지의 위엄에 두려울 것도 없고, 귀신의 **희롱**에 속탈 것도 없다."

13. 대종사 말씀하시었다.

"**속담**에 모기도 **한창**이 있다는 말이 있으니 그는 다름이 아니라 아무리 **미천**한 사람이나 **미물곤충**까지라도 일생 중에 제일 좋은 때가 있다는 말이다. 그러나 진리를 모르고 사는 사람은 그때를 당하면 항시 그러할 줄로 알고 죄를 더 짓기 쉬우며 자칫 잘못하면 무서운 **죄악**의 함정에 빠지기 쉽나니, 그대들은 없던 돈과 없던 권리가 생겨나고 무슨 일이든지 마음대로 잘 되어질 때를 더욱 조심하라. 그때가 하늘이 그 사람에게 큰 복이나 큰 **재앙**을 주려는 시험기인 것이며, 나라나 단체도 항상 그 전성기에 더욱 조심하여야 하는 것이다."

지각知覺 사물의 이치나 도리를 분별하는 능력.
희롱戱弄 말이나 행동으로 실없이 놀림. 손아귀에 넣고 제멋대로 가지고 놂.
속담俗談 예부터 민간에 전하여 오는 쉬운 격언이나 잠언.
한창 어떤 일이 가장 활기 있고 왕성하게 일어나는 때.
미천微賤 신분이나 지위 따위가 하찮고 천함.
미물곤충微物昆蟲 작고 변변치 않은 곤충 따위의 동물.
죄악罪惡 죄가 될 만한 나쁜 짓.
재앙災殃 뜻하지 아니하게 생긴 불행한 변고. 또는 천재지변으로 인한 불행한 사고.

제생의세장
濟生醫世章

11

제생의세장(濟生醫世章)
중생들이 사는 세상의 병증을 진단하고 치료법을 제시하며 구세성자의 역할에 대한 내용이다.

1. 대종사 말씀하시었다.

"내가 한 생각을 얻어서 이 세상을 둘러보니 몇 가지 무서운 병이 든 지 오래되었더라. 그 병을 낱낱이 드러내어 치료하여야 할 것인바, 첫째는 자기나 남의 **오장육부**를 태워서 죽게 하는 **원망병**이요, 또는 자신의 힘을 무력하게 하여 자연히 말라 죽게 하는 **의뢰병**이요, 또는 소경에게 길 인도를 시켜서 대중이 함께 함정에 빠져 죽게 하는 불합리한 **차별병**이요, 또는 좋은 인물을 그대로 썩어 죽게 하는 안 가르치는 병이요, 또는 제 몸 제 가정만 알다가 죽게 하는 **협심병** 등이었다. 이 병을 낫게 하지 아니하고 그대로 두고 보면 이 세상 사람들이 한꺼번에 죽을 땅에 들게 되겠으므로 나는 그에 대한 **화제**를 내어놓게 되었다. 첫째는 **사은**의 은혜를 알게 하여 감사생활을 하게 하면 그 원망병이 나을 것이요, 다음은 무슨 방면으로든지 제 자력을 세워서 살게 하면 의뢰병이 나을 것이요, 다음은 나라나 사회의 제도가 **지자본위**로 되어 인재를 잘 **등용**시키면 그 차별병이 나을 것이요, 다음은 모든 사람이 남의 자녀라도 내 자녀같이 잘 가르치면 그 안 가르치던 병이 나

오장육부五臟六腑 오장과 육부라는 뜻으로, 내장을 통틀어 이르는 말.
원망병怨望病 남이 한 일에 대해 못마땅하게 여기어 탓하거나 불평을 품고 미워하는 병.
의뢰병依賴病 남에게 의지하는 병.
차별병差別病 둘 이상의 대상을 각각 등급이나 수준 따위의 차이를 두어서 구별하는 병.
협심병狹心病 마음이 좁은 병.
화제和劑 병의 치료를 위하여 약 이름과 분량을 적은 종이.
사은四恩 인간이 살아가는데 없어서는 살 수 없는 4가지 은혜(천지은·부모은·동포은·법률은).
지자본위智者本位 능력에 따라 대우받는 것을 표준으로 하는 것.
등용登用/登庸 인재를 뽑아서 씀.

을 것이요, 다음은 큰 나를 발견하여서 남을 위하는 것이 나를 위하는 것이 되고 너른 세계 위하는 것이 내 집안 위하는 것이 되는 줄을 알게 하면 그 이기주의 병이 나을 것이다. 나는 이 다섯 가지 화제와 약을 가지고 병든 세상과 병든 사람들을 전문 치료시키는 의사니, 그대들은 나의 좋은 **조수**가 되어 이 병든 세상과 모든 사람들을 잘 낫게 해 주어서 하루속히 이 세상을 평화 **안락**한 **전반세계**로 만들어 보라."

2. 대종사 말씀하시었다.

"**출가위**만 올라가더라도 **시방세계**를 한 집안 삼고 어두운 곳과 **미개**한 곳만 찾아다니면서 밝혀주고 개척하여 줄 수 있다. 지금 **유·불·선**과 **서교**가 서로 담을 쌓고 내가 옳으니 네가 그르니 장단을 논하나 자상히 알고 보면 한 집안 어른이 서로 넘나들면서 때와 곳을 따라 **제도망**을 늘어놓으심인 것이다.

조수助手 어떤 책임자 밑에서 지도를 받으면서 그 일을 도와주는 사람.
안락安樂 근심, 걱정이 없이 몸과 마음이 평안하고 즐거움.
전반세계氈盤世界 인류 사회에 올 것으로 예견되는 평등 이상세계.
출가위出家位 여섯 가지 법위등급 중의 다섯 번째 단계. 원근친소와 자타의 국한을 벗어난[出家] 두렷하고 바른 스승의 위.
시방세계十方世界 시방에 있는 무수한 세계. 시방은 동·서·남·북·동남·서남·동북·서북·상·하의 열 가지 방향.
미개未開 사회가 발전되지 않고 문화 수준이 낮은 상태.
유불선儒佛仙 유교와 불교와 선교(도교).
서교西敎 예전에, '기독교'를 달리 이르던 말. 서양의 종교라는 뜻.
제도망濟度網 불보살이 범부중생들을 생사고해에서 건져 성불 해탈하는 열반의 피안으로 인도해 주기 위한 법을 그물에 비유함.

3. 대종사 말씀하시었다.

"세상을 맡아서 나온 **주세성자**들은 천지 **음계·양계**의 대운과 대기를 다 가지고 나온지라 중생들이 그분과 그 **회상**을 향하여 제 정성을 다 바치고 서원을 올리면 서원이 빨리 이루어지고 그 반면 **불경**하면 **죄벌**이 미치며 그 주세성자를 돕고 있는 제자들도 스승과 마음이 합하고 **일호**의 사심이 없으면 그 위력이 스승과 다름이 없는 것이다."

4. 대종사 말씀하시었다.

"세상을 **구제**하는 **구세성자**라도 공부의 실력이 다 같은 것은 아니다. 양계의 사람들만 제도하는 책임을 지고 나온 성현도 있고, **삼계중생**들을 다 맡아서 나온 성현도 있나니, 대개 공부가 출가위에만 올라도 구세의 책임을 질 수 있으나 **말세**가 되면 **항마위** 도인이 그 책임을

주세성자主世聖者 한 시대를 책임지고 중생을 교화하는 성자라는 뜻. 주세불과 같은 뜻.
음계陰界 눈으로 볼 수 없는 진리세계.
양계陽界 사람이 사는 세상. 또는 이 세상.
회상會上 종교 교단.
불경不敬 경의를 표해야 할 자리에서 무례함.
죄벌罪罰 죄에 대한 형벌.
일호一毫 한 개의 가는 털이라는 뜻으로, 극히 작은 정도를 나타내는 말.
구제救濟 고해에서 고통 받고 악도에서 헤매는 중생을 선도로 제도하는 것.
구세성자救世聖者 세상을 구원하기 위해 출현한 성인 또는 부처. 구세주·구주·주세불이라고도 함.
삼계중생三界衆生 중생들이 생사 윤회하는 미망의 세계인 욕계(欲界)·색계(色界)·무색계(無色界)의 중생.
말세末世 정치, 도덕, 풍속 따위가 아주 쇠퇴하여 세상의 종말이 임박한 시대.
항마위降魔位 여섯 가지 법위등급 중의 네 번째 단계. 견성을 하고, 법이 강하여 악마의 항복을 받은 성자의 첫 위. 법강항마위의 준말.

행할 수도 있다."

5. 대종사 말씀하시었다.

"**법강항마위**만 되더라도 **육근동작**이 전부 법으로 **화하므로** 결정적 서원을 세울 수도 있고 또 삼계의 스승이 되는 첫 자격이 되므로 남의 **시비**를 **평론**할 수도 있고 결정적인 말을 할 수도 있으나, **항마**를 못한 사람으로서는 항시 법 있는 이의 말을 **인거**하여 가르칠지언정 제가 감히 스승의 자격을 가지고 결정을 지어 가르치지는 못하는 것이다. 자신이 없는 말을 자신 있게 결정을 지어 가르친다면 법에 **위착**이 생길 뿐 아니라 도리어 큰 죄를 짓게 되는 것이다."

6. 대종사 **지방** 교무들에게 말씀하시었다.

"제가 가르치는 제자나 교도를 **질책**하고 나면 그 사람의 신심과 **공심**이 그전보다 더 생기고 또 정이 그전보다 더 두텁게 되어셔야 능력 있

육근동작六根動作 눈(眼根)·귀(耳根)·코(鼻根)·입(舌根)·몸(身根)·뜻(意根)의 육근이 작용함.
화하므로化--- 상태가 변화하므로.
시비是非 옳고 그름.
평론評論 사물의 가치, 우열, 선악 따위를 평가하여 논함.
항마降魔 악마를 항복시킴. 악마의 유혹을 극복함. 법강항마의 준말.
인거引據 인용하여 근거로 삼음.
위착違錯 말의 앞뒤가 어긋남.
지방地方 중앙에 상대하여 이르는 말. 원불교 중앙총부 이외의 지역.
질책質責 꾸짖어 바로잡음.
공심公心 자기 개인보다 교단 전체, 인류 전체를 우선하고 헌신 봉공하는 마음. 공익심의 준말.

는 **교화**이니, 성현들은 한번 **성내**고 한번 **기꺼워**하는 것이 다 천하의 법이 되는 것이다."

7. 대종사 말씀하시었다.

"여러 무리 가운데 혹 형식으로 내 뜻을 맞추어 주려는 사람이 있다. 그는 나의 참뜻을 아는 사람이 아니다. 나의 참뜻은 세상을 고르게 하고 중생을 이롭게 하는 데에 있는 것이다."

8. 대종사 말씀하시었다.

"세상을 살아가는 데 좋은 비결 세 가지가 있다. 하나는 내 생명이 오래 살고 싶거든 무슨 방면으로든지 남의 생명을 잘 보호해 줄 것이요, 둘째는 내 물건을 오래 잘 가지고 싶거든 무슨 방면으로든지 남의 물건을 잘 가지게 해 줄 것이요, 셋째는 내 마음을 편안하게 가지고 싶거든 무슨 방면으로든지 남의 마음을 편안하게 하여 줄 것이다."

9. 대종사 말씀하시었다.

"사람이 **심신** 가지기를 어느 때나 **화평**스럽고 **태연**하게 가져야 하지

교화敎化 가르치고 이끌어 좋은 방향으로 나아가게 함.
성내고 화를 내고, 노여움을 나타내고.
기꺼워 마음속으로 은근히 기쁘게 여김.
심신心身 마음과 몸.
화평和平 화목하고 평온함.
태연泰然 마땅히 머뭇거리거나 두려워할 상황에서 태도나 기색이 아무렇지도 않은 듯이 예사로움.

마는 특히 아침저녁은 더욱 조심하여야 할 것이다. 만일 마음을 태워 생각을 많이 하거나 **심히** 성을 내면 기운과 **심정**을 **상하게** 하고 피와 기름이 **밭아서 수명**을 단축하는 것이다."

10. 대종사 말씀하시었다.

"어떤 사람은 자기의 덕을 남에게 못 입혀서 걱정하는데 어떤 사람은 남의 덕을 못 입어서 걱정을 하고 있으니, 그러므로 **한 울안**에 살고 있건마는 그 인품과 공덕이 하늘과 땅의 차이가 있는 것이다."

11. 대종사 말씀하시었다.

"한 울안에 살면서도 중생들은 지옥을 만들어서 **탐진치**와 **시기질투**로써 마음 편할 날이 없이 고苦 생활만 하며, **불보살**들은 **천당**을 만들어서 서로 **사양**하고 서로 도와서 웃음 그칠 날이 없이 낙 생활을 하는 것이다. 그러므로 천당과 지옥이 먼 곳에 있는 것이 아니라 오직 마음

심히甚- 정도가 지나치게.
심정心情 마음속에 품고 있는 생각이나 감정.
상하게 근심, 슬픔, 노여움 등으로 언짢게.
밭아서 액체가 바싹 졸아 말라붙어서.
수명壽命 생물이 살아 있는 연한.
한 울안 하나의 울타리에 둘러싸인 안쪽.
탐진치貪瞋癡 욕심·성냄·어리석음. 세 가지 해로운 마음.
시기질투猜忌嫉妬/嫉妒 남이 잘되거나 좋은 처지에 있는 것을 샘하여 미워하고 깎아내림.
불보살佛菩薩 부처와 보살. 부처 또는 보살과 같은 인격자.
천당天堂 천국. 극락정토. 낙원.
사양辭讓 겸손하여 받지 아니하거나 응하지 아니함. 또는 남에게 양보함.

한번 돌이키는 사이에 있는 것이다."

12. 대종사 말씀하시었다.

"하늘이 **벌**을 내리는 것이 아니라 제가 스스로 벌을 **장만**한 것이며, 하늘이 복을 내리는 것이 아니라 제가 스스로 복을 장만한 것이다. 그러므로 하늘도 죄짓지 아니한 사람에게 벌 내릴 **권능**이 없고 복 짓지 아니한 사람에게 상 내릴 권능이 없는 것이다."

13. 대종사 **금강산 반야암**을 들렀다가 내려오는 도중 쉬고 계시는데 어디서 다람쥐 한 마리가 앞에 나와서 재롱을 부렸다. 대종사 귀여운 마음이 나서 무심히 손에 쥐셨던 돌을 던진 것이 다람쥐에 **명중**하여 그 자리에서 죽었다. 대종사 **무수히 애석**하게 여기시며 "네가 이곳에서 내가 오기를 기다렸더냐? 내가 이번 길에 **소창**하고 모은 정신 기운을 네게 쏟아 너의 영로를 밝혀 주리라."고 하시고 총부에 오셔서까지

벌罰 잘못하거나 죄를 지은 사람에게 주는 고통.
장만 필요한 것을 사거나 만들거나 하여 갖춤.
권능權能 권세와 능력.
금강산金剛山 강원도의 북부에 있는 명산.
반야암般若庵 대종사가 제자들과 원기15(1930)년 금강산 여행 도중에 들렀던 내금강 마하연 인근에 있었던 암자.
명중命中 화살이나 총알 따위가 겨냥한 곳에 바로 맞음.
무수히無數- 헤아릴 수 없이.
애석哀惜 슬프고 아까움.
소창消暢 우울하거나 갑갑한 마음을 풀어 시원하게 함.

무수히 **심고**를 드려 **천도**하여 주시었다.

14. 한 **과객**에게 밥을 차려 주었더니 그가 상에서 먹지 아니하고 밥을 싸서 **외처**로 나가서 먹었다. 대종사 그 이유를 물으시니 과객이 대답하였다.

"제 몸에 무서운 전염병이 들었사오니 제가 지나간 후에 이 대중 중에 좋은 것은 못 남길지언정 몹쓸 병을 남겨 주고 가서야 되겠나이까."

대종사 들으시고 보물을 얻은 듯이 기뻐하시며 그 사람을 무수히 칭찬하신 후 말씀하시었다.

"그 사람의 마음속에 보이지 아니하는 좋은 보물이 들어 있도다. 그 병은 필시 전생의 남은 **과보**일 것이요, 그 과보를 다 받고 나면 앞으로는 반드시 **진급**될 사람이다."

15. 대종사 원기28년癸未 5월 16일 **예회**가 끝난 후 **조실**에서 점심을 잡수시고 나서 때마침 도착한 각 기관의 우편물을 일일이 검열하여 보

심고心告 마음속으로 자기의 느낌을 고백하며 뜻과 같이 이루어지기를 비는 것.
천도薦度 죽은 사람(동물)의 명복을 빌고, 그 영혼을 극락세계로 가도록 염원하고 인도하는 것.
과객過客 지나가는 나그네.
외처外處 다른 곳. 본고장이 아닌 다른 곳.
과보果報 지은 바(원인)에 따라 받게 되는 결과. 인과응보의 준말.
진급進級 계급, 등급, 학년 따위가 올라감.
계미癸未 육십갑자의 스무 번째. 대종사 열반한 원기28(1943)년.
예회例會 원불교 법회의 가장 기본적인 형태.
조실祖室 종법사가 거처하는 집으로 여기에서는 현 종법실을 의미함.

내시고 무슨 큰 뜻을 결정하신 것처럼 하시더니 엄지손가락으로 방바닥에 글씨를 몇 자 쓰시며 "여자들 때문에 걱정이다."라고 하는 말씀을 연거푸 두세 번 하시고 한참 동안 큰 **법력**을 밀어주시고 누우시니 이것이 열반에 드실 **병환**의 **시초**였다.

법력法力 불법을 수행하여 얻은 힘. 진리·법이 갖춘 힘.
병환病患 '병(病)'의 높임말.
시초始初 맨 처음.

은족법족장
恩族法族章

12

은족법족장(恩族法族章)
대종사와 은부자녀(恩父子女)의 결의를 맺은 제자들에 대한 훈시와 법은 신성으로 구해야 함을
일러준 내용이다.

1. 대종사 **은족회**恩族會에서 말씀하시었다.

"나는 그대들에게 정통 **법맥**을 전할 때는 **재가·출가**·은족·친족·원근·친소를 막론하고 신성 있고 **고락**을 같이 한 사람으로 **대수**를 대어서 일반 **후인**에게 알릴 것이다. 설혹 **대각여래부** 사람일지라도 다 나의 적통을 대는 것이 아니요, **특신부** 사람이라도 다 **기국**대로 내 대수에 참여할 것이다. 그러나 대체로는 36년을 1대로 하여 대각여래부 사람은 후대 대각여래부 사람으로 자손을 삼을 것이요 그와 같이 그 **아래 5부** 사람들도 다 그 비례로 나갈 것이다. 그러나 너희들은 나를 친아버지와 같이 여겨서 죽으나 사나 떨어지지 아니하고, 나는 너희들을

은족회恩族會 대종사와 은부시자녀(恩父侍子女)의 의(義)를 맺은 제자들의 모임. 친부모 이상으로 잘 모신다는 뜻에서 시자녀(侍子女), 친자녀 이상으로 자비를 베푼다는 뜻에서 은부모(恩父母)라 함.
법맥法脈 법(진리)이 끊임없이 전해지는 것을 사람의 맥박에 비유한 말로 스승에서 제자에게로 법이 이어지는 것.
재가在家 가정생활을 하면서 원불교를 신앙 수행하는 사람.
출가出家 몸과 마음을 원불교 발전과 제생의세 사업을 위해 전무출신 하는 것.
친족親族 촌수가 가까운 일가.
원근遠近 멀고 가까움.
친소親疏 친함과 친하지 아니함.
고락苦樂 괴로움과 즐거움.
대수代數 이어 내려가는 계통의 수.
후인後人 뒤에 오는 세대나 시대의 사람.
대각여래부大覺如來簿 원불교 법위등급의 최고 단계인 대각여래위에 도달한 사람의 이름을 기록한 장부.
특신부特信簿 법위등급 여섯 등급 중 두 번째 단계인 특신급에 오른 사람의 이름을 기록한 장부.
기국器局 사람의 도량과 재능.
1대一代 36년. 원기 3(1918)년 대종사가 원불교 창립한도를 발표하며 36년씩을 매대(每代)로 환산함.
아래 5부五簿 원불교 법위 6등급 중에서 대각여래부를 제외한 보통부, 특신부, 법마상전부, 법강항마부, 출가부.

친자녀와 같이 여겨서 어떻게 되어도 버리지 아니하고 너희가 나를 버리고 가면 모르거니와 나는 우리 회원 만인이면 만인을 다 내가 버리지는 아니할 방침이다.

　너희들은 일생동안 활동을 할 때 신성에 흠이 없이 무슨 일을 하든지 내가 하라는 데에 거역이 없고, 그 자리 그 자리에서 안심과 낙을 발견하여 **곡조** 있게 지내며, 웃어도 회중사로 웃고 울어도 **회중사**로 울어서 고락을 나와 회중과 같이 **동진 동퇴**하여야 나의 **적통 정맥**을 받아서 영원히 갈리지 아니할 **혈통 제자**가 될 것이다. 나는 그러한 사람들을 수첩에 긴히 필기하였다가 나의 제자 **적통**에 대라고 유언할 것이다. 너희들은 나 같은 사람 만났을 때 한번 **각성**하고 한번 노력하여 곡조 있게 활동하여 보라."

2. 대종사 **정산**鼎山을 **영산지부장**으로 보내는 송별회 **석상**에서 말씀하시었다.

곡조曲調　가사(歌詞)나 음악(音樂) 등의 가락.
회중사會中事　원불교(불법연구회) 교단의 일.
동진동퇴同進同退　같이 나아가고 같이 물러섬.
적통정맥嫡統正脈　법의 바른 계통이 정상적으로 이어짐.
혈통제자血統弟子　같은 핏줄 계통의 제자.
적통嫡統　적자 자손의 계통. 법의 바른 계통.
각성覺醒　깨어 정신을 차림.
정산鼎山　281p 인물 주석 참조.
영산지부장靈山支部長　영산은 원불교 최초 교당인 영산교당을 말하며, 교단 초기에는 교당을 지부라고 하였으며 지부장은 오늘날 교도회장과 같은 위치.
석상席上　여러 사람이 모인 자리. 누구와 마주한 자리.

"저 사람을 만난 지 **우금** 20년이 되었으나 오늘날까지 저 사람으로 인하여 나의 마음에 위안을 받았을지언정 조금이라도 걱정을 해본 일은 없었고, 또는 저 사람의 신심에 **흠점**을 발견한 일이 없었다. 저 사람이 어느 곳에 가든지 신망이 높아지는 것을 볼 때마다 내 마음이 더없이 좋기도 하나 일방 걱정도 된다. 그는 다름이 아니라 흠 없는 참옥에 조금치라도 흠이 날까 염려함이니, 대인은 도가 깊어가고 지위가 높아가고 신망이 두터워질수록 주의를 더 해야 하는 법이다."

3. 대종사 말씀하시었다.

"내가 **영산 대각전**을 건축할 때에 그곳 일꾼들이 자기들끼리 주고받는 말을 들었다. '**불법연구회**가 영산에만 이렇게 큰 집을 짓는 것이 아니라 **윗녘**에 가서는 더 큰 집들이 사방에 즐비하다네. 우리가 20여 년 전 그분들이 **방언**할 때에도 일을 하였었는데 그때 **종사** 선생님과 8, 9인들의 정성이 모두 **충천**하지 아니하였는가. 평생 노동을 해 보지도 아니한 분들이 저렇게 애를 쓰면서도 열성이 식지 아니하니 앞으로 잘

우금于今 지금에 이르기까지.
흠점欠點 잘못되거나 완전하지 못한 점.
영산 대각전靈山大覺殿 원기21(1936)년 영산성지에 건축된 대각전.
불법연구회佛法硏究會 원기9(1924)년부터 원기33(1948)년까지 사용한 원불교 이전의 명칭.
윗녘 위가 되는 쪽으로 영광에서 윗녘은 전라북도를 지칭함.
방언防堰 '둑[堰]을 막는다[防].'는 뜻. 전라남도 영광군 백수읍 길룡리 앞바다를 원기3(1918)년부터 1년간 막은 3만여 평의 간척답.
종사宗師 대종사를 당대에는 종사라 칭함.
충천衝天 하늘을 찌를 듯이 공중으로 높이 솟아오름.

될 것은 뻔하다고 하지 아니하였는가. 그런데, 20년이 지난 오늘에도 그 열성이 더했으면 더했지 줄지를 아니하니 이대로 계속하면 그분들은 이 앞으로 더 큰 일을 해낼 것이라.'고 말하였다.

　나는 그들의 말을 듣고 가만히 돌아와서 혼자 생각해 보았다. 나나 그대들이나 과연 지금까지 열성이 쉬지 아니하니 그분들의 **법어**에 양심이 부끄럽지는 아니하였다. 무릇 공부나 사업을 하는 사람이 시작과 끝이 한결같지 못하면 그 원을 성취하지 못할 것이다. 그러므로 과거에 **석가세존**께서도 **연등불**을 친견하신 후 **주세불** 되시기를 **발원**하시고 오백생 동안 **불식지공**不息之功을 쌓으신 결과 주세불이 되지 아니하셨는가. 그대들도 이 말을 듣고 반성하여 혹 열성이 식었으면 다시 추어 잡으라. 만일 열성이 식어가는 날에는 그 사람은 그날부터 살고도 죽은 **산송장**이 되어가는 것이니, 살고도 죽은 사람이 될 것이 아니라 살았으면 산사람으로 정진하여야 할 것이다."

법어法語　법다운 말씀. 법이 담겨있는 말씀.
석가세존釋迦世尊　석가모니(샤카족의 성자)와 세존(신성한, 성스러운, 존귀한)을 병합하여 석가모니불을 높여 부르는 말.
연등불燃燈佛　석가모니불이 과거세에 보살로 수행할 때에 '미래세에는 반드시 성불하리라.'고 예언했다는 부처.
주세불主世佛　말세에 출현하여 새로운 정법회상을 열어 세상을 바로잡고 모든 중생을 구제하는 부처님.
발원發願　어떠한 일을 바라고 원하는 생각을 내는 것.
불식지공不息之功　쉬지 않고 천천히 늘 꾸준하게 하는 일.
산송장　살아 있으나 죽은 사람과 같다는 뜻.

4. 대종사 말씀하시었다.

"그대들이 공부 사업하는 것을 보면 어떤 사람은 나의 지도하는 바에 어긋남이 없어서 내 마음을 시원하게 하여 주고, 또 어떤 사람은 공부해서 나를 주는 것같이 트집이 많고 성의가 없으며, 약간의 **공**이 있으면 콧대가 높아지고 배가 나와서 말을 잘 듣지 아니하나니 나를 만난 보람이 어디 있으리오."

5. 대종사 말씀하시었다.

"큰 도를 구하기 위하여 큰 신성을 바친 사람은 제 몸과 제가 가진 물질과 제 정성을 아끼지 않나니 만일 아낌이 있다면 참 신성은 아니다. 옛날에 **구정**九鼎 **선사**는 부유한 가정에 두 부인을 거느리고 살면서 큰 장사를 하는데, 하루는 **비단**과 **백목** 수백 **필**을 말에 싣고 어느 재를 넘다가 쉬고 있었다. 그때 어떤 거지 중 한 사람이 엷은 옷에 떨면서 지나갔다. 구정은 자비심이 일어나서 그중에서 백목 한 필을 주려 하다가 아까워서 못 주기를 몇 차례 마음속으로 반복한 후에 큰 힘을 써서 한 필을 떼어 주어 보내고 마음에 쾌활함을 금치 못하였다. 얼마 후 어떤 거지 한 사람이 자기가 스님에게 주었던 그 백목 한 필을 어깨에 걸

공功 어떤 목적을 이루는 데에 힘쓴 노력이나 수고.
구정선사九鼎禪師 267p 인물 주석 참조.
비단緋緞 명주실로 짠 광택이 나는 피륙(아직 끊지 아니한 베, 무명, 비단 따위의 천).
백목白木 무명실로 짠 피륙.
필疋 일정한 길이로 말아 놓은 피륙을 세는 단위.

치고 고개를 넘어왔다. 구정이 이상하여 그 이유를 물은즉 거지가 말하기를 '이 고개 너머에서 젊은 스님 한 분이 나를 보고 네 옷이 내 옷보다 더 급하니 이것 갖다 옷 지어 입으라며 주었다.'라고 했다. 구정이 그 말을 듣고 나니 가슴이 **벙벙하고** 머리가 무거워서 큰 매를 맞은 듯이 스스로 부끄러웠다. 자기 재산을 전부 계산하면 백목이 수천 필인데 그중에서 한 필 주는 것도 그렇게 힘이 들고 애가 쓰였거늘 그 스님은 한 필 얻어 가지고 가던 백목을 거지에게 주는데 그렇게 썩은 새끼 떼어 주듯 하니, 그분이 필시 큰 보물을 갖춘 도인이로구나라고 생각하였다. 그리하여, 끌고 가던 **거마**와 **주단포목**을 모두 재에다 내버려두고, 맨몸으로 그 스님을 따라가서 예를 올리며 제자 되기를 간청하였다. 그 스님이 말하기를 '그대가 지금의 이 마음을 평생토록 계속하겠다고 생각되면 따라와 보고, 만일 중간에 변동이 있게 생겼으면 애당초에 그만 두라.'고 하였다. 구정이 평생토록 스님을 따르겠다고 서원하고 스님의 보따리를 받아 짊어지고 해가 질 때까지 굶으며 걸어서 스님의 절로 찾아가 보니, 세상에 없는 **빈찰**貧刹이었다. 양식도 없고 나무도 없을 뿐 아니라 늙은 자기가 자식 같은 그 스님을 시봉하게 되었다. 그 스님은 방에 들어가서 명령하기를 '내가 발을 좀 씻고자 하니 물을 데워 오되 솥이 잘못 걸려 있으니 솥을 먼저 고쳐 걸어라.'고 하였

벙벙하고 어리둥절하여 얼빠진 사람처럼 멍하고.
거마車馬 수레와 말.
주단포목紬緞布木 명주, 비단, 베, 무명 따위의 온갖 직물류.
빈찰貧刹 가난한 절.

다. 몹시 춥고 시장하나 할 수 없이 언 흙을 파서 찬물에 이겨서 솥을 고쳐 걸었다. 그런데, 스님이 나와서 보고 '솥이 잘못 걸렸으니 다시 고쳐 걸라.'고 하며 뜯어 고치게 하기를 밤새도록 아홉 번을 하였다. 스님이 드디어 허락하시고 물을 데워서 발을 씻고 그 솥에다 밥을 지어 오게 하여 먹은 후에야 비로소 구정九鼎이라는 **법호**를 내려주며 '**시봉**을 하라.'고 하였다. 구정은 그런 후로 수십 년간을 젊은 스님에게 일체 시봉을 드리면서 스님을 오직 큰 도인으로 알고, 믿고 의지하고 살아갈 뿐이요 별다른 법문 한번 들은 적이 없었다. 그러다가, 젊은 스님이 **중병**이 들어서 **임종**이 가까워지는지라 최대의 정성을 바쳐서 **간병**을 계속하다가, 우연히 한 생각을 얻게 되었다. 스님이 이치를 깨쳐 주시는 것이 아니라 나 스스로 깨쳐 알아야 함을 **확철 대오**하였다. 그 후 구정은 모든 **사리**에 막힘이 없어져서 큰 회상을 펴고 수많은 제자를 가르쳤다고 한다.

그대들은 그대들의 신심과 정성을 스승에게 아끼고 있지나 않은가 생각하여 보고 구정 선사를 표준삼아 다시없는 신성을 들이대어 보라."

법호法號 승려에게 붙여 주는 별호(別號).
시봉侍奉 잘 모시고 받드는 것.
중병重病 목숨이 위태로울 정도로 몹시 앓는 병.
임종臨終 죽음을 맞이함.
간병看病 앓는 사람이나 다친 사람의 곁에서 돌보고 시중을 듦.
확철대오廓徹大悟 확연히 꿰뚫어 크게 깨우침.
사리事理 인간의 일[事]과 우주의 이치[理].

6. 대종사 말씀하시었다.

"**전무출신**이 돈을 벌어서 **중인**을 이익 주리라 생각하면 남을 이익 주기는커녕 자기 공부심까지 떨어져서 **필경** 나와 갈리게 될 것이다. 자기 **수중**에는 일푼도 없는 사람이 무슨 큰 공심이나 난 듯이 설치고 다니다가 실패하면 회중에 오지도 못하고 나와의 인연도 끊게 될 것이다. 그런즉, 그대들은 당초에 안 가진 물질로 사업하려고 애태우지 말고 **창립요론** 11조로 얼마든지 공덕 쌓을 길이 있음을 알라. 거듭 말하거니와 전무출신은 결코 돈 벌어서 중인 이익 주려는 생각은 하지 말라."

전무출신專務出身 원불교 출가교도로서 심신을 오로지 교단과 사회의 발전을 위해서 헌신 봉공하는 사람.
중인衆人 많은 사람.
필경畢竟 끝장에 가서는.
수중手中 손의 안.
창립요론創立要論 원불교 교단을 창립 발전시켜 가는 요긴한 길이라는 뜻. 초기교서의 하나인 『육대요령』에 나옴.

원기20년 여름, 서울교당 을해하선 기념(따옴)

13

불조동사장
佛祖同事章

불조동사장(佛祖同事章)
한없는 세상에 한없는 불공을 올린 부처와 조사들을 본받아 불조와 같은 일을 하자는 내용이다.

1. 대종사 **탄식**하시며 말씀하시었다.

"**불불조조**佛佛祖祖의 밀밀한 뜻을 아무리 알려하여도 잘 알기가 어렵거늘, 애당초에 알아보려고도 아니하는 사람이 많으니 어찌 불불조조를 친견하고 불불조조와 **동사**同事하기를 기약하리오."

2. 대종사 말씀하시었다.

"나의 법은 **동**과 **정**이 둘이 아니요 생과 사가 둘이 아니요 **범부**와 **성인**이 둘이 아니요 **사업**과 **공부**가 둘이 아닌 것을 알게 하는 공부이며 또한 안 후에는 둘이 아닌 행을 실행하게 하는 것이 내 법의 **주체 강령**이다. 이렇게 공부하는 사람은 구슬에 끈이 꿰어져서 하나가 되는 것같이 줄 맞은 공부가 될 것이요, 그렇지 못하면 끈 떨어진 구슬 같아서 줄 맞은 공부를 이루지 못할 것이다."

탄식歎息/嘆息 한탄하여 한숨을 쉼. 또는 그 한숨.
불불조조佛佛祖祖 부처와 부처, 조사와 조사. 모든 부처와 조사.
밀밀密密 사이가 매우 친밀함.
동사同事 같은 종류의 일을 함.
동動 육근을 동작할 때, 어떤 일을 이루기 위하여 활동할 때.
정靜 육근 동작을 쉴 때, 심신을 움직이지 않고 쉴 때.
범부凡夫 지혜가 얕고 우둔한 사람.
성인聖人 불보살·성자·인격과 덕행이 높고 뛰어난 인물.
사업事業 정신·육신·물질로 보은 봉공생활에 힘쓰는 것.
공부工夫 진리를 배우고 실천하는 것.
주체主體 어떤 단체나 물건의 주가 되는 부분.
강령綱領 일의 근본이 되는 큰 줄거리.

3. 대종사 **과거 7불**七佛의 **게송** 해석함을 들으시고 말씀하시었다.

"크나큰 솥의 국물을 다 마셔 보아야 그 솥의 국 맛을 아는 것이 아니다. 이 7불의 게송만 철저히 알아 두면 수만 **경서**의 뜻을 능히 알 수 있으니, 머리 아프고 눈 어지럽게 **팔만장경**을 다 볼 것이 무엇이리오."

4. 대종사 과거 **불조**의 역사와 **전법 게송** 설명함을 들으시고 말씀하시었다.

"그분들의 역사를 들을 때에는 용이하게 정법의 스승을 만나서 일시에 별 고생 없이 **성불**하고 **무상대도**를 **증득**한 것같이 **경홀히** 알 사람도 있을 것이다. 그러나 글씨 하나만 잘 쓴다는 말을 듣기로 하여도 평생 **정력**을 쌓아야 하거든 하물며 무상대도일까 보냐. 그러므로 **불가**에 대 법기를 이루는 데에는 두 가지 경로가 있으니, 하나는 **견성**을 하여

과거7불過去七佛 석가모니불이 탄생하기 이전의 지난 세상에 출현한 일곱 부처님. 비바시불, 시기불, 비사부불, 구류손불, 구나함모니불, 가섭불, 석가모니불.
게송偈頌 부처의 공덕이나 가르침을 찬탄하는 노래. 외우기 쉽게 게구(偈句)로 지음.
경서經書 종교의 경전. 세상의 가장 근본 되는 원리를 밝힌 성현의 가르침을 기록한 책.
팔만장경八萬藏經 불교 경전을 통틀어 이르는 말. 팔만대장경이라고도 함.
불조佛祖 부처와 조사. 불교의 모든 성현.
전법게송傳法偈頌 스승이 깨달음의 경지를 제자(후학)들에게 전해주기 위해 표현한 시구(詩句).
성불成佛 부처의 경지에 도달하는 것. 성도(成道)·득도(得道)라고도 함.
무상대도無上大道 이보다 더 높은 것이 없는 큰 도.
증득證得 진리를 확실히 깨달아 얻는 것.
경홀히輕忽- 가볍고 탐탁하지 않은 말이나 행동.
정력定力 정신수양 공부로 얻게 되는 마음의 힘. 어떠한 상황에도 흔들리지 않는 힘.
불가佛家 유교를 유가, 도교를 도가라고 하는 말에 대하여 불교를 불가라고 함.
견성見性 성품을 본다는 의미, 또는 도를 깨닫는 다는 말로 오도(悟道)라고도 함.

성품과 같이 **양성**을 하는 것이요, 둘은 법과 마를 구분하여 **법강항마**를 하는 길이다.

『**십지행록**十地行錄』을 보면 부처님 같으신 근기로도 다생을 통하여 **인욕정진**을 하시어 일체 **마군**을 항복 받으셨다고 한다. 이와 같이 견성하는 길과 항마하는 길을 알아서 꾸준히 공부하는 사람은 아는 것도 날이 새는 것같이 점진적으로 밝아지다가 해가 **중천**에 오르면 **만상**이 자연히 밝아지듯 될 것이며, 마군도 물러가는 줄 모르게 꼬리를 감추게 될 것이다. 밝음이 나면 어둠은 물러가고, 마군이 항복하면 정법이 설 것이니, 이 순서를 아는 사람은 안심하고 꾸준히 정진만 할 것이다."

5. 대종사 말씀하시었다.

"중생들은 몸으로 **화현**하신 **개체** 부처님 몇몇 분에게만 불공을 좀 올

양성養性 자신의 본래 성품을 잘 발현할 수 있도록 가꾸고 기르는 일.
법강항마法強降魔 법력이 강해서 삿되고 악한 마군을 항복받을 만한 힘이 있는 경지.
십지행록十地行錄 1328년(충숙왕 15)에 간행된 석가여래십지수행기(釋迦如來十地修行記)의 근대적 교정본인『석가여래십지행록』으로 부처님의 전생담 내지 탄생의 행적을 집성한 서사 문학이며, 소설집.
근기根機 불법(교법)을 믿고 수행해 가는 능력 또는 자질.
인욕정진忍辱精進 온갖 모욕과 괴로움을 참고 원한을 품지 않고 정진하는 것.
마군魔軍 마의 무리. 수행을 방해하는 내외(內外)의 장애를 비유.
중천中天 하늘의 한가운데.
만상萬象 모든 형상, 모든 형태, 모든 존재.
화현化現 불보살이 중생을 교화하고 구제하려고 여러 가지 모습으로 변하여 세상에 나타남.
개체個體 전체나 집단에 상대하여 하나하나의 낱개.

리다가 그도 싫증이 나서 계속하지 못하나, 부처님들은 **천지만물 허공법계** 한없이 많은 부처님에게 한없는 정성을 들여서 불공을 올리는 것이다. 그러므로 부처님께서 말씀하시기를 '**수보리**야, 내가 과거 **무량아승지겁** 일을 생각하니 **연등불** 전에 **팔백사천만 억 나유타** 모든 부처를 만나서 다 **공양**하고 받들어 섬기어서 한 분도 빼놓는 일이 없다.'라고 하셨으니 이것이 곧 지극하신 불공을 말씀하신 것이다."

6. 대종사 대중에게 물으시었다.

"이 가운데 누가 **극락 생활**을 해 보았는가."

문정규文正奎 대답하였다.

"대종사께서 언제 극락을 가르쳐 주셨나이까."

대종사 말씀하시었다.

천지만물天地萬物 사람이 사는 세상의 영역에 있는 갖가지 모든 것.
허공법계虛空法界 허공처럼 텅 비어 보이지 않는 신령스러운 세계.
수보리須菩提 석가모니불의 십대 제자 중 한 사람.
무량無量 헤아릴 수 없이 많은 것, 잴 수 없는 것, 무한한 것.
아승지겁阿僧祇劫 산수로 표현할 수 없는 가장 많은 수. 영겁(永劫)·무량겁(無量劫)·무변겁(無邊劫)이라고도 함.
연등불燃燈佛 석가모니불이 과거세에 보살로 수행할 때에 '미래세에는 반드시 성불하리라.'고 예언했다는 부처님.
팔백사천만억나유타八百四千萬億那由他 인도의 수량 단위 나유타(那由多, nayuta)에 팔백사천만억이라는 무량수를 붙여 그 수의 많음을 비유하는 것.
공양供養 공경하는 마음과 정성스런 마음을 다하여 불·법·승 삼보나, 스승·조상·웃어른에게 음식·재물·향화(香華)·등명(燈明) 등을 바치는 일.
극락생활極樂生活 지극히 안락하여 아무런 근심 걱정이 없는 생활.
문정규文正奎 271p 인물 주석 참조.

"내가 24시 가운데 어느 시간에 극락을 안 가르쳐 줌이 없거늘 정규는 어찌 그런 말을 하는가."

정규 사뢰었다.

"제 근기가 **하열**하오니 더 가르쳐 주옵소서."

때에 **이만선화**李萬善華 사뢰었다.

"극락이 무엇인지 그것을 먼저 일러 주소서."

대종사 말씀하시었다.

"그대가 알아보려는 그 마음을 끊어 버리면 그 자리가 곧 극락이니라. 그러므로 **유위심**有爲心으로는 극락을 보지 못할 것이요 유무를 **초월**하고 고락을 둘 다 잊어야 비로소 참 극락이니라."

7. 대종사 말씀하시었다.

"**수도인**은 천진 그대로 살다가 가는 것이 좋나니, 만일 **허위 조작**을 부리면 **천진 면목**이 **상하여** 참 가치를 잃는 것이다."

하열下劣 하는 짓이나 성품이 천하고 졸렬함.
이만선화李萬善華 278p 인물 주석 참조.
유위심有爲心 인연이 생겨서 생멸 변화하는 마음.
초월超越 어떠한 한계나 표준을 뛰어넘음. 삼독 오욕 등의 욕심 경계를 뛰어 넘는 것.
수도인修道人 도를 닦는 사람. 온갖 번뇌나 속박, 미혹으로부터 벗어나려고 몸과 마음을 닦는 사람.
허위조작虛僞造作 진실이 아닌 것을 진실인 것처럼 꾸며 만듦.
천진면목天眞面目 꾸밈이나 거짓 없이 자연 그대로 순진한 모습.
상하여 근심, 슬픔, 노여움 등으로 언짢게 되어.

8. 대종사 **천지 보은조목**의 해석을 들으시고 말씀하시었다.

"우리는 저 **공적**한 **천지**를 그대로 둘 것이 아니라 우리 인간과 가깝게 **부합**시켜서 사람을 천지로 만들어 천지 같은 위력과 **대덕**을 갖추게 하자는 것이다."

천지 보은조목 원불교 「정전」 제2 교의편 제2장 사은에서 대종사가 천지 보은의 조목을 8가지로 설명한 내용.
공적空寂 우주 만물이 모두 실체가 없고, 상주(常住)하는 것이 없다는 말. 텅 비어 아무것도 없다는 뜻.
천지天地 하늘과 땅. 우주 또는 세상.
부합附合 서로 맞대어 붙임.
대덕大德 높고 큰 덕.

원기12년경, 소태산 대종사의 앉은 모습

주세불지장
主 世 佛 地 章

14

주세불지장(主世佛地章)
주세불의 공덕과 큰 회상이 열릴 때 길잡이 하는 도인들의 역할과 해탈 공부에 대한 내용이다.

1. 대종사 말씀하시었다.

 "**주세불**이 이 세상에 출현하시매 **일월**이 **중천**에 솟아오른 것과 같은 것이다. 일월이 중천에 솟으면 천년의 어둠이라도 일시에 밝아지고, 주세불이 세상에 출현하시면 **만 생령**의 두터운 **무명심**도 밝게 비춰 주시며 만 생령에게 **인연작복**의 길도 널리 열어 주시므로, 주세불의 빛은 일월보다 **승하**고 주세불의 공은 천지보다 승한 것이다."

2. 대종사 말씀하시었다.

 "큰 회상 하나가 세상에 나타나기로 하면, 먼저 그 회상이 열리기에 앞서 큰 회상이 열릴 것을 세상에 미리 알리어, 모든 사람이 희망을 품게 하는 길잡이 **도인**이 있어야 하며, 회상이 열리고 나서는 그 회상을 에워싸고 혹은 울타리도 되고, 혹은 **들보**도 되고, 혹은 기둥도 되고, 혹은 **서까래**도 되고, 혹은 **소소**한 못도 되어 좌우 **보필**하는 이가 있어야

주세불主世佛 말세에 출현하여 새로운 정법회상을 열어 세상을 바로잡고 모든 중생을 구제하는 부처님.
일월日月 해와 달.
중천中天 하늘의 한가운데.
만생령萬生靈 생명을 가진 모든 존재. 미물곤충을 포함한 일체중생.
무명심無明心 지혜가 어두운 마음.
인연작복因緣作福 좋은 인연을 지어서 복을 장만함.
승하고勝-- 뛰어나고.
도인道人 인격이 뛰어나거나 진리를 깨친 사람. 여기서는 선지자를 이름함.
들보 칸과 칸 사이의 두 기둥을 건너지르는 나무.
서까래 지붕 판을 만들고 추녀를 구성하는 가늘고 긴 각재.
소소小小 작고 대수롭지 않음.
보필輔弼 윗사람의 일을 도움.

하며, 회상이 열리어 한판 치고 간 후에는 그 **후계**를 이어 법을 받아서 후대로 전하는 사람들이 계속 나와야 한다."

3. 대종사 말씀하시었다.

"도인들이 **해탈**을 얻어 나갈 때 첫째, 일체 **욕심**에는 묶이지 아니하여야 하나 법에는 묶여 있어야 하고, 둘째, 법에 묶여 있다가 법까지 풀어 버려서 묶일 물건도 없어지고 묶이지 아니할 마음도 없어져 버려야 부처님의 참 해탈 경지이다."

4. 대종사 말씀하시었다.

"중생들은 욕심이 주인이 되어서 항시 본마음을 불러내어 가고, **보살**들은 **자비**가 주인이 되어서 항시 본마음을 베풀어 쓰는 것이다."

5. 대종사 말씀하시었다.

"과거 부처님께서도 **인행**因行 때에 동네 방 문고리에 의지하여서 여러 사람이 흔드는 바가 되어도 마음이 흔들리지 아니하는 공부를 하셨

후계後繼 어떤 일이나 사람의 뒤를 이음. 후계자.
해탈解脫 모든 구속과 속박으로부터 벗어난 자유로움.
욕심慾心 분수에 넘치게 무엇을 탐내거나 누리고자 하는 마음.
보살菩薩 대승불교의 이상적인 구도자상으로 위로는 부처님의 깨달음을 추구하고 아래로는 중생들을 구원하기 위해 노력하는 사람.
자비慈悲 크게 사랑하고 가엾게 여기는 일.
인행因行 수행에 방해가 되는 외부의 요인에 흔들리지 아니하고 오롯이 수행 정진하는 것.

다고 하며, 또는 **인욕선인**이 되어서 **가리왕**에게 **사지**를 찢기면서도 마음에 성냄이 없는 공부를 단련하셨다고 하나니, 도를 얻기 전에만 그렇게 공부를 하신 것이 아니라 **각**을 하신 뒤에도 참으로 자신의 능력을 갖추는 공부와 중생 제도하는 공부가 더 깊어지므로 설혹 **천만 외도**가 공부를 방해할지라도 그로 인하여 더욱 전진은 될지언정 퇴진은 아니 되므로 그 지위에 이르면 **불퇴전**이라고 하는 것이다."

6. 대종사 말씀하시었다.

"**다생 겁겁** 한없는 세상 가운데 한 생 동안 한 가정을 이루고 산다는 것이 마치 여행 중에 하룻밤 한 여관에 **동숙**하는 것밖에 못 되는 것인데 철없는 사람들은 그것밖에 모르고 애착하나니, 어찌 **단촉**한 생활이 아니리오. 부처님은 **복도 족족**하시고 **혜도 족족**하신 어른이지마는 나

인욕선인忍辱仙人 석가모니불이 과거세에 인욕(온갖 모욕과 괴로움을 참고 원한을 품지 않음) 수행을 할 때의 이름.
가리왕迦利王 석가모니불이 과거세에 인욕선인의 몸으로 수행할 때에 팔과 다리를 끊었다고 하는 극악무도한 왕.
사지四肢 사람의 두 팔과 두 다리.
각覺 진리를 깨쳐 사리에 통달하는 것.
천만외도千萬外道 정법을 수행하지 않고 바른 길을 어기는 수많은 무리.
불퇴전不退轉 수행을 통해 도달한 불보살의 경지에서 퇴보하지 아니함.
다생겁겁多生劫劫 수많은 생을 받은 것이 시간으로 헤아릴 수 없다는 뜻.
동숙同宿 한방 또는 한곳에서 같이 잠.
단촉短促 시일이 촉박함.
복 족족福足足 선업을 많이 쌓아 복스러운 공덕이 많음.
혜 족족慧足足 지혜를 많이 닦아서 지혜가 밝음.

는 **삼계**三界의 **객**이 되어 마음 가는 대로 발 닿는 대로 **시방삼계**를 **주유**하다가 혹 인연을 만나면 쉬고 인연이 없으면 날아다녀서 **주착** 없이 **헌거롭게** 살리라고 원을 세우신 것이다."

7. 대종사 말씀하시었다.

"세상에 **낙원**이 두 가지가 있으니, 하나는 **외형**의 낙원이요, 둘은 **내면**의 낙원이다. 외형의 낙원은 과학이 발달하는 머리에 세상이 좋아지는 것이요, 내면의 낙원은 도학이 발달하여 사람이 마음 낙으로 생활하게 되는 것이다. 과거 **요순시대**에는 내면의 낙원은 되었으나 외형의 낙원이 없었고, **현세**에는 외형의 낙원은 되었으나 내면의 낙원이 적으니, 우리는 **내외 겸전**한 좋은 낙원을 건설하기 위하여 '물질이 개벽되니 정신을 개벽하자.'고 한 것이다."

삼계三界 중생들이 생사 윤회하는 세 가지 세계. 욕계(欲界)·색계(色界)·무색계(無色界).
객客 손님.
시방삼계十方三界 우주 전체를 표현하는 말. 시방은 온 우주의 공간적인 표현. 삼계는 욕계·색계·무색계로 중생들이 윤회하는 세계.
주유周遊 두루 돌아다니면서 구경하며 놂.
주착住着 일정한 곳에 머물러 있음.
헌거롭게 인색하거나 까다롭지 아니하고 너그러운 데가 있게.
낙원樂園 인류가 공통적으로 추구하는 이상세계. 극락·천국과 같은 의미.
외형外形 사물의 겉모양.
내면內面 안면. 밖으로 드러나지 아니하는 사람의 속마음.
요순시대堯舜時代 옛 중국에서, 요와 순임금이 다스리던 시대. 곧 덕으로 다스리던 태평한 시대.
현세現世 지금 이 세상.
내외겸전內外兼全 인격 형성에 있어서 안과 밖이 조화를 잘 이루어 원만한 것.

8. 대종사 말씀하시었다.

"그대들은 **초입자**를 대하여 말하여 줄 때 욕심을 떼라고만 하니, 저 세상 사람들은 세상 **오욕락** 외에는 낙이 없는 줄로 아는데 그 욕심을 떼어야만 한다고 이 사람이나 저 사람이나 그렇게만 말하면 참 낙은 발견치 못 할지라, 마음에 **타락심**만 생기고 희망이 떨어져서 나중에는 공부심까지 떨어지고 마는 것이다. 그러므로 철없는 아이가 **비상**이나 칼을 가지고 있다면 그 부모는 혹 과자나 수용품을 주어서 달래면서 바꾸는 것과 같이, 사람을 가르치되 너무 **요지부동**시키지도 말고 너무 **방치**하지도 말면서 스승의 도리만 지키면 자연히 교화가 되는 것이다."

초입자初入者 어디에 처음으로 들어가는 사람.
오욕락五慾樂 인간이 갖고 있는 다섯 가지 기본적인 욕망인 식욕·색욕·재물욕·명예욕·수면욕을 충족시켜서 얻게 되는 즐거움. 곧 인간의 세상락.
타락심墮落心 올바른 길에서 벗어나 잘못된 길로 빠지는 마음.
비상砒霜 독성을 가진 한방 약재.
요지부동搖之不動 흔들어도 꼼짝하지 아니함.
방치放置 내버려 둠.

생사인과장
生死因果章

15

생사인과장(生死因果章)
최후일념과 서원일념의 중요성과 돌아오는 시대의 인과는 빠르다는 내용이다.

1. 대종사 말씀하시었다.

"불보살들은 먼저 생사의 도를 익히나니, 그는 마음을 들여놓고 내어 보내지 아니하는 **입정**공부와 마음을 내어놓고 들이지 아니하는 **출정**공부를 잘하고 보면 **출생입사**出生入死와 **좌탈입망**坐脫立亡을 마음대로 할 수 있다."

2. 대종사 말씀하시었다.

"사람이 **명**을 마칠 때 **최후 일념**이 **내생**의 제일 종자가 되어서 그대로 움이 트고 나오는 것이다. 그러므로 사람의 일생 복 가운데 최후의 일념을 잘 챙겨서 가는 것이 제일 큰 복이 되는 것이다."

3. 대종사 말씀하시었다.

"사람이 살아서 **단단히** 세운 바른 **서원 일념**은 죽어갈 때 횃불이 되어서 어둡고 삿된 데로 흐르지 못하도록 밝게 비추어 주는 것이다."

불보살佛菩薩 부처와 보살. 부처 또는 보살과 같은 인격자.
입정入定 선정(禪定, 일체의 번뇌 망상이 끊어진 본래 마음에 머묾)에 들어가는 것.
출정出定 선정(禪定)의 상태에서 나오는 것.
출생입사出生入死 나와서 살고, 들어가니 죽는것.
좌탈입망坐脫立亡 좌탈은 앉은 채로 입적하는 것, 입망은 선 채로 입적하는 것.
명命 목숨.
최후일념最後一念 사람이 열반하기 직전에 갖는 최후의 한 생각.
내생來生 죽은 후에 다시 태어나는 세상. 후생 또는 내세.
단단히 의지나 생각이 변하지 않을 정도로 확고하게.
서원일념誓願一念 어떤 원(願)을 발하여 그 원이 이루어지도록까지 오롯한 마음.

4. 대종사 말씀하시었다.

"사람의 마음이 한번 기울어지면 죽어도 그곳을 떠나지 못하여 삼천 년까지는 옮기지 못한다. **가옥**이 변하여 **황무지**가 되고 마을이 변하여 바다가 되어도 그 **영혼**은 그 자리에서 몸을 받게 되는 것이다. 그러므로 과거 부처님께서도 **착심**이 많으면 **제도**를 못 받는다고 하시었나니, 그대들은 매일매일 자기 마음을 대중하여 **애착 탐착**으로 흐르는 것을 막아야 할 것이다."

5. 대종사 말씀하시었다.

"**선천**先天에는 악한 자도 잘 살았으나 **후천**에는 거짓되고 악한 자는 보증하고 잘못 사는 것을 30년 안에 볼 것이니 이것이 **정법시대 출현**의 증거이다."

가옥家屋 사람이 사는 집.
황무지荒蕪地 손을 대어 거두지 않고 내버려 두어 거친 땅.
영혼靈魂 죽은 사람의 넋. 영(靈)은 불가사의하다는 뜻, 혼(魂)은 정신이라는 뜻.
착심着心 집착하는 마음.
제도濟度 구원. 구제.
애착愛着 사랑하고 아끼는 마음을 끊고 단념하지 못함.
탐착貪着 만족할 줄 모르고 탐하는 마음을 버리지 못함.
선천先天 지혜와 과학문명이 열리지 못한 어두운 세상. 지나간 세상.
후천後天 상생과 질서로 평등과 평화, 정신과 물질이 조화되는 문명 세계. 밝은 양(陽)시대.
정법시대正法時代 정법이 행해지는 시대. 성인의 가르침이 바르게 실천되어 깨달음을 얻을 수 있는 시대.

6. 대종사 말씀하시었다.

"참되면 천지가 무너져도 솟아오를 날이 있고 거짓되면 아무리 **발라맞춰도** 결국 무너지고 마는 것이다."

7. 대종사 말씀하시었다.

"그대들이 나를 두고 따로 가서 공부 길을 구해 보았자 그 장래가 위태할 것은 **명약관화**하다."

8. 대종사 말씀하시었다.

"나는 **대승** 공부법을 바로 일러 준다."

9. 대종사 말씀하시었다.

"**대범**, 관청 사회에서 **악평**을 받거나 제 집안 부모 **사우**에게 좋지 못한 평을 받는 자는 갈 곳이 없는 자이다."

발라맞추다 말이나 행동을 남의 비위에 맞게 하다.
명약관화明若觀火 불을 보듯 분명하고 뻔함.
대승大乘 크게 싣고 운반한다는 뜻으로 큰 서원에 바탕하여 모두가 함께 하는 수행을 중시하는 교법.
대범大凡 무릇. 대체로 보아.
악평惡評 나쁘게 평함. 또는 그런 평판이나 평가.
사우師友 스승과 벗.

10. 대종사 말씀하시었다.

 "나는 **불법**을 위하여 공부하라는 것이 아니요 불법을 생활에 써먹기 위하여 공부하라는 것이다."

11. 대종사 말씀하시었다.

 "나의 공부 **강령**은 마음의 **원리**를 알아 마음을 잘 쓰라는 것이다."

12. 대종사 말씀하시었다.

 "그대들은 **대승행**을 닦되 바른 마음을 **본위**로 하여 행할지어다. 마음이 착하면 흥하고 전진이 있고, 마음이 그르면 **전도**가 막히는 것이다."

13. 대종사 말씀하시었다.

 "참되고 거짓이 없으라. 글을 아는 것이 **급선무**가 아니요 마음 **바루**는 것이 급선무이다."

불법佛法 부처의 가르침.
강령綱領 일의 근본이 되는 큰 줄거리.
원리原理 사물의 근본이 되는 이치.
대승행大乘行 인류전체를 위하고 역사의식과 사명의식에 바탕을 둔 봉공행.
본위本位 중심이 되는 기준.
전도前途 앞길. 전망.
급선무急先務 무엇보다도 먼저 서둘러 해야 할 일.
바루는 비뚤어지거나 구부러지지 않도록 바르게.

14. 대종사 말씀하시었다.

"돌아오는 세상에는 **인과응보**가 빠르므로 죄를 지은 때로부터 30년을 1대로 두고 보면 그 안에 다 주고받게 되므로 그동안 죽지 않고 살아 있다면 남이라도 복 짓고 복 받는 것과 죄짓고 죄 받는 것을 환히 알게 될 것이다."

15. 대종사 말씀하시었다.

"이 세상을 살아가는 데 어려운 일 세 가지가 있으니, 그 하나는 자기를 미워하는 사람을 미움으로써 갚지 아니하고 끝까지 그 사람의 전도를 좋게 인도하여 주기가 어렵고, 그 둘은 **인도**하여 주지는 못하나 그 죄짓는 것을 보고 불쌍히 여기기가 어렵고, 그 셋은 불쌍히 여기지는 못하나 그 마음에 미움을 두지 않고 무관심하기가 어려운 것이다."

16. 대종사 말씀하시었다.

"**인심**人心이 곧 **천심**天心이다. 그런고로, 마음이 **화평**하고 순탄하면 천지가 화평하고 순탄한 **기운**이 모여들고, 마음이 불평하고 **악독**하면

인과응보因果應報 지은 바(원인)에 따라 반드시 결과를 받게 되는 원리. 인과보응이라고도 함.
인도引導 이끌어 지도함.
인심人心 사람의 마음.
천심天心 하늘의 뜻.
화평和平 화목하고 평온함.
기운氣運 생물이 살아 움직이는 힘. 만물이 나고 자라는 힘의 근원.
악독惡毒 마음이 흉악하고 독함.

천지의 불평하고 악독한 기운이 모여드는 것이다."

17. 대종사 말씀하시었다.

 "인간 사회를 떠나서는 **도덕**도 없고 법률도 없다. 그러니 우리는 모든 말과 글이 도덕과 법률에 **합치**되게 하여야 할 것이다."

도덕道德 인간으로서 지켜야 할 마땅한 도리.
합치合致 의견이나 주장 따위가 서로 맞아 일치함.

소태산 대종사 원기10년 여름, 민자연화가 옷감을 마련하고 그녀의 큰딸 이성각이 지어 올린 옷을 입고

변별대체장
辨別大體章

16

변별대체장(辨別大體章)
신앙인은 바른 믿음과 바른 신앙계통을 가져야 하며, 중근의 위태함을 경계한 내용이다.

1. 유교의 **명륜학원** 강사이던 사람이 대종사께 물었다.

"**불가**에서는 극락과 지옥을 말한다 하오니 일러주소서."

대종사 답하시었다.

"극락은 감촉하고 분별하는 **이목지소호**耳目之所好와 **심지지소락**心志之所樂의 경지를 말함도 아니요, 또는 **서방**에 가서 **정토** 극락세계가 따로 건설된 것도 아니요, 다만 **언어도가 끊어지고 심행처가 멸**하여 세간 고락을 초월한 **입정 삼매처**를 이름이니 유가에서 말하는 **희로애락지미발처**喜怒哀樂之未發處가 곧 극락이다. 지옥은 **명랑**한 하늘을 보지 못하고 지하에서 사는 **무골충**이나 혹은 동물의 뱃속에서 사는 기생충이나 또는 마음으로 지옥을 만들어 **무량고**를 받는 **범부중생**들의 생활이 곧

유교儒教 '유학'을 종교적인 관점에서 이르는 말.
명륜학원明倫學院 일제가 성균관을 폐지하고 경학원(經學院)을 설치한 후, 1930년 성균관 내에 설립한 부설 교육기관. 오늘날 성균관대학교 전신.
불가佛家 유교를 유가, 도교를 도가라고 하는 말에 대하여 불교를 불가라고 함.
이목지소호耳目之所好 귀와 눈이 좋아하는 것.
심지지소락心志之所樂 마음이 좋아하는 것.
서방西方 쪽, 서방극락.
정토극락淨土極樂 정토 또는 서방정토, 극락세계와 같은 말.
언어도가 끊어지고言語道-斷--- 말과 글의 길이 끊어졌다는 뜻. 생각으로 헤아릴 수 없고, 언어로 표현할 수 없음.
심행처가 멸心行處-滅 마음의 작용이 미치지 못하는 경지를 소멸시키는 것.
입정入定 선정(禪定)에 들어가는 것.
삼매처三昧處 선(禪)·입정을 통해 얻는 마음의 경지.
희로애락지미발처喜怒哀樂之未發處 기쁘고 화나고 슬프고 즐거운 감정이 드러나기 이전의 자리.
명랑明朗 흐린 데 없이 밝고 환함. 유쾌하고 활발함.
무골충無骨蟲 뼈가 없는 벌레.
무량고無量苦 한량없이 많은 고통.
범부중생凡夫衆生 범부는 지혜가 얇고 우둔한 사람. 중생은 불보살의 구제 대상이 되는 모든 인간, 또는 일체 생명.

지옥이다."

강사 또 물었다.

"불가에서 말하는 **불생불멸**의 진리를 일러 주소서."

대종사 답하시었다.

"저 일월을 보라. 동에서 나와 서로 갔다가 다시 동으로 오기를 **순환불궁**하지 않는가. 그러나 일출과 일몰에 따라 동에서는 날이 밝았는데 서에서는 어두워지는 곳이 있고, 서에서는 밝았는데 동에서는 어두워지는 곳이 있지마는 일월 그 자체에는 어둡고 밝은 것이 없이 **여여**한 것이다. 이와 같이, 우리의 영혼도 육신의 **변태**는 있으나 아주 죽는 것은 아니다. **수밀도**가 잘 익으면 그 씨가 잘 돌아 빠지듯 공부가 깊은 이는 육신과 정신을 제대로 **자유자재**할 수 있다."

2. 원기28년癸未 1월 4일에 대종사 대중을 모으시고 **중근**의 **병증**과 그 말로에 대하여 간곡한 법문을 내리시었다. 때에 한 제자가 여쭈었다.

"무슨 방법이라야 그 중근을 쉽게 벗어나리까."

불생불멸不生不滅 생겨나지도 않고 없어지지도 않는다는 뜻으로 영원히 변함이 없는 진리의 실상.
순환불궁循環不窮 돌고 돌아 다함이 없음.
여여如如 있는 그대로의 모습.
변태變態 본래의 형태가 변하여 달라짐.
수밀도水蜜桃 껍질이 얇고 살과 물이 많으며 맛이 단 복숭아.
자유자재自由自在 자유롭고 거침이 없이 자기의 뜻대로 할 수 있음.
계미癸未 육십갑자의 스무 번째. 대종사 열반한 원기28(1943)년.
중근中根 불법(교법)을 믿고 수행해 가는 능력 또는 자질이 중간 정도인 사람.
병증病症 병의 증상.

대종사 말씀하시었다.

"법 있는 스승에게 마음을 가림 없이 바치는 동시에 옛 서원을 자주 **반조**하고 중근의 말로가 위태함을 자주 반성하면 되는 것이다. 초창 당시에 **도산**道山을 **두대**하는 사람들과 **삼산**三山을 두대하는 사람들이 있었는데, 도산은 그 사람들의 신앙 계통을 직접 나에게 대었으나 삼산은 미처 대지 못하고 이단같이 되어 장차 크게 우려되므로 내가 삼산에게 말하기를 '지금 이 일이 작은 일 같으나 앞으로 큰 해독 미침이 살인강도보다 더 클 수도 있고, 또한 삼산이 함정에 빠져버린 후에는 내가 아무리 건져주려 하여도 건질 수 없게 될 것이다.'라고 **제재**하였더니, 삼산이 그 말을 두렵게 듣고 두대하는 사람들을 이해시켜 신앙 계통을 바로 잡고 공부에만 **독공**하더니, 결국 중근을 무난히 벗어나 참 **지각**을 얻었느니라. 그리고 현재 **송도성**도 중근은 벗어나 보인다."

이어 말씀하시었다.

"그대들이 이 지경만 벗어나고 보면 **불지**에 달음질하는 것이 비행기 탄 격은 되리라."

반조反照 돌이켜 살펴봄.
도산道山 271p 인물 주석 참조.
두대斗戴 두둔하고 보호함.
삼산三山 274p 인물 주석 참조.
제재制裁 일정한 규칙이나 관습의 위반에 대하여 제한하거나 금지함.
독공篤工 열성을 가지고 착실하게 공부하는 것.
지각知覺 사물의 이치나 도리를 분별하는 능력.
송도성宋道性 275p 인물 주석 참조.
불지佛地 부처님의 경지.

3. **서대원**徐大圓은 **달마** 회상의 **혜가**와 같이 손을 끊어 신信을 바치고 **독실히** 수행한 지 십수 년에 이르매 **심공**이 깊어지고 특히 저술에 능하므로 모든 편집사무를 그에게 많이 **위촉**하시더니 하루는 대종사 말씀하시었다.

"아무리 지혜와 문학이 **출중**하여 여러 사람의 신망이 높아진다 하더라도 나의 **심법**에 **계인**契印치 못하면 내 회상에 적통은 잇지 못하리라. **후대**에 **법강항마위** 이상의 자격으로 법을 주장하는 **종법사**가 나왔을 때에 설사 그 이상의 대중 신망을 받는 자가 있을지라도 정식 당대 종법사의 계인이 없고는 **적계**를 잇지 못하리니 이 말을 잘 적어 두었다가 후인에게 법이 되게 하라. 특히 내 회상에 적계를 이을 사람들은 이 공부 이 사업에 **지사불변**至死不變의 신성으로 혈심 노력한 사람이라야 될 것이라."

서대원徐大圓 274p 인물 주석 참조.
달마達摩 271p 인물 주석 참조.
혜가慧可 283p 인물 주석 참조.
독실히篤實- 믿음이 두텁고 성실히.
심공心功 마음속으로 수행 적공하는 것.
위촉委囑 어떤 일을 남에게 부탁하여 맡게 함.
출중出衆 여러 사람 가운데서 특별히 뛰어남.
심법心法 마음을 사용하는 법.
계인契印 두 장의 문서에 걸쳐서 찍어 서로 관련되어 있음을 증명하는 도장.
후대後代 뒤에 오는 세대나 시대.
법강항마위法強降魔位 견성을 하고, 법이 강하여 마의 항복을 받은 성자의 첫 위.
종법사宗法師 원불교 교단의 최고 지도자, 또는 그에 대한 호칭.
적계嫡繼 적통(적자 자손의 계통)과 같은 말.
지사불변至死不變 죽어도 변하지 않음.

대종사 대원이 손을 끊어서 몸이 약해진 것을 애석히 여기시었다.

4. 한 제자가 대종사께 여쭈었다.
 "혹 당대 종법사보다 법력이 있는 도인이 날 때는 법위승급을 어떻게 하오리까."
 대종사 말씀하시었다.
 "자기 위보다 한 위 이상은 추대할 수 있나니, 예컨대 항마위로서 출가위를 추대할 수 있고, 출가위로서 여래위는 추대할 수 있으나, 항마위로서 여래위는 추대치 못하는 것이다. 그러나 그 당대에는 추대할 자격이 없어서 추대하지 못할지라도 그 후 추대할 만한 자격이 있는 이가 나오면 여래위에 추대할 수도 있고 잘못 추대 받은 사람을 내려 놓을 수도 있다."

애석哀惜 슬프고 아까움.
당대當代 일이 있는 바로 그 시대. 지금 이 시대.
법위승급法位昇級 법력을 갖춘 정도의 등급이 올라가는 것.
추대推戴 윗사람으로 떠받듦.
항마위降魔位 견성을 하고, 법이 강하여 마의 항복을 받은 성자의 첫 위. 법강항마위의 준말.
출가위出家位 여섯 가지 법위등급 중의 다섯 번째 단계. 원근친소와 자타의 국한을 벗어난[出家] 두렷하고 바른 스승의 위.
여래위如來位 원불교 법위등급 중 최상계위. 대각여래위의 준말.

선원수훈장
禪院垂訓章

17

선원수훈장(禪院垂訓章)
선원에 입선한 제자들에게 불법을 구하는 데에 있어서 필요한 자세와 방법을 일러준 내용이다.

1. 원기25년 동선庚辰冬禪 경전 시간에 대종사 말씀하시었다.

"공부 시간에는 잘하는 사람의 말이든지 못하는 사람의 말이든지 **일심정력**을 들이대어 처음부터 끝까지 잘 듣고 내 공부에 **대조**하는 마음이 있어야 그 공부가 향상될 것이요, 만일 잘하는 사람의 말은 혹 듣고 잘못하는 사람의 말은 헤프게 보아 듣는 둥 마는 둥 한다면 공부에 향상이 없는 동시에 성과도 없을 것이다. 들을 때도 삼대력을 들이대어 듣고, 행할 때에도 **삼대력**을 들이대어 행하지 아니하면 도저히 큰 공부에 성공하지 못할 것이다.

나나니가 벌레를 잡아다 놓고 일심정력 들이대어 나나나 소리를 지성으로 하면 결국 그 벌레가 나나니가 된다고 하지 않는가. 곤충도 그와 같이 일심정력의 효과를 나타내거든 하물며 사람이 삼대력을 들이대어 일심으로 공부사업에 **전력**한다면 **성인 불보살**이 못될 것이 무엇이리오."

경진동선庚辰冬禪 원기25(1940)년 익산총부에 개설된 동선.
경전經典 『육대요령(六大要領)』을 의미함. 원기17(1932)년에 간행된 『육대요령』은 원기28(1943)년 『불교정전』이 간행되기까지 중심 교서였다.
일심정력一心精力 오직 한 가지 일에만 정력을 쏟음.
대조對照 둘 이상인 대상의 내용을 맞대어 같고 다름을 검토함.
삼대력三大力 삼학 수행을 아울러 닦아 얻은 세 가지 큰 힘. 수양력, 연구력, 취사력.
나나니 구멍벌과(科)에 속하는 곤충. 나나니벌이라고도 함.
전력全力 모든 힘.
성인聖人 불보살·성자·인격과 덕행이 높고 뛰어난 인물.
불보살佛菩薩 부처와 보살. 부처 또는 보살과 같은 인격자.

2. 원기25년 12월 16일 **예회**에 대종사 말씀하시었다.

"내가 **안질** 치료차 부산·서울을 **순회**하여 이제야 돌아오니 오랫동안 이 자리를 비웠는지라 순회 중 법설자료를 많이 가져 왔으나 의사가 아직도 말하는 것을 금하므로 오늘은 서울에서 **김활란** 박사 만나고 온 이야기나 잠깐 전하려고 한다. 그는 독신 여자로 철학박사가 되고 **이화전문학교** 교장이 되어 지금의 조선 여자로서는 큰일을 하고 있는데, 만나서 같이 점심을 먹으며 이모저모로 살펴본즉 퍽 **유순**하고 얌전한 태도와 **묵중**한 성질이 **사기** 없는 **진인**으로 보였다. 처녀로서 40세에 이르렀고 미국인이 학교의 전 책임을 미뤄주고 갔건마는 아직도 수수한 의복에 처녀의 **조신**을 잘하고 있었다.

그대들 가운데 혹 학사 박사가 되고 싶은 사람이 있으면 공부가 다른 만치 학교로 가볼 것이요, 도학만을 배워서 도인 될 목적으로 **입선**한

예회例會 원불교 법회의 가장 기본적인 형태.
안질眼疾 '눈병'을 전문적으로 이르는 말.
순회巡廻 여러 곳을 두루 돌아다님.
김활란金活蘭 270p 인물 주석 참조.
이화전문학교梨花專門學校 1886년 미국 북감리교 선교사인 M.F.스크랜턴 부인에 의하여 설립됨. 오늘날 이화여자대학교의 전신.
유순柔順 부드럽고 순함.
묵중默重 말이 적고 몸가짐이 신중함.
사기邪氣 요망스럽고 악한 기운.
진인眞人 거짓이 없이 진실한 사람.
조신操身 몸가짐을 조심스럽고 얌전하게 함.
입선入禪 교단 초창기 동선·하선 등의 정기훈련에 들어가는 것.

사람은 이 공부에 신심이 **전일** 하여 **시종**이 **여일**하게 **적공**하여야 할 것이다."

3. 원기25년 **동선** 어느 예회에 대종사 말씀하시었다.

"내가 이번에 부산 갔을 때 부산 **회원**들의 공부하는 것을 들은 즉 회원들이 1주일간 집에서 공부하는 가운데 **감각 건**이나 **감상 건**이나 **교과서** 중 모르는 조목을 각자 **공책**에 적어 가지고 와서 **예회 날** 제출하면 교무는 예회에서 일일이 그 해답을 해주는 고로 일반이 다 그 조목을 알게 되어 부산 회원들은 교리가 고루 밝아진다고 하더라. 그 방법이 아주 좋으니 총부에서도 그 법을 써서 교과서 중 모르는 점이나 공부 생활 중 의심된 점이 있거든 공책에 적어 가지고 와서 대중이 함께 해답을 듣게 하라."

그 후부터 예회순서에 **질의문답** 순을 넣게 되었다.

전일專― 마음과 힘을 모아 오직 한 곳에만 씀.
시종始終 처음과 끝.
여일如― 처음부터 끝까지 한결같이.
적공積功 오래오래 수행 정진하는 것.
동선冬禪 경진년(庚辰年, 1940년)에 익산총부에 개설된 동선.
회원會員 원불교 교명이 불법연구회 당시 교도들을 회원이라 함.
감각건感覺件 사물을 접촉하여 보고 들은 가운데 스스로 알아진 일.
감상건感想件 사물이나 경계를 대할 때 마음속에 느껴지는 생각이나 일.
교과서敎科書 원불교의 교리·제도·역사 등을 교도들에게 가르치기 위한 기본경전.
공책空冊 글씨를 쓰거나 그림을 그리도록 백지로 매어 놓은 책.
예회 날例會日 정례적인 법회 날.
질의문답質疑問答 예회(법회) 시간에 교의(敎義)에 대해서 모르는 것을 묻고 대답하는 법의문답(法義問答). 원기14(1929)년 법회 순에 넣었다가 원기25년 동선을 계기로 다시 넣게 됨.

4. 경진 동선 중 원기26년 새해를 당하여 대종사 **선원**에서 말씀하시었다.

"국민으로서는 국법을 알아 행해야 할 것이며, 사람으로서는 도덕을 배워 행해야 할 것이니 국민으로서 국법을 모르고 보면 국가 법률에 어두운지라 일일에 죄를 범하기 쉬울 것이요, 사람으로서 도덕을 배우지 아니하고 보면 **인도 정의**를 모르는지라 인도에 **탈선**되는 행동을 하기 쉬울 것이다. 그런즉, 하기 싫은 일이라도 의리에 당연한 일이거든 죽기로써 하고, 하고 싶은 일이라도 의리에 부당한 일이거든 죽기로써 아니할 것이며, 걱정이 앞에 돌아올 때와 피 토할 일을 당할 때와 **만고풍상**을 겪게 될 때 도덕과 법률의 가치를 비로소 알게 되나니 그것이 곧 경계를 당할 때의 공부니라.

호주 밑에서 살면 **가권**이 항상 자기의 할 바를 물어서 해야 하며, 지도받을 만한 자리가 있거든 잘된 일 잘못된 일을 일일이 **감정**을 얻으며 모든 일을 처리할 때에 미리 물어서 하며 모르는 일이 있으면 간질히 물어서 깨우쳐야 할 것이다.

오늘부터는 새해인 만큼 거년 일을 대조하여 잘된 일 잘못된 일을 살

선원禪院 정기훈련을 실시하는 훈련기관을 교단 초기에는 선원이라고 함.
인도정의人道正義 사람이 마땅히 행해야 할 바른 도리.
탈선脫線 말이나 행동 따위가 나쁜 방향으로 빗나감.
만고풍상萬古風霜 아주 오랜 세월 동안 겪어 온 많은 고생.
호주戶主 한 집안의 주장이 되는 사람.
가권家權 집안을 다스리는 권리.
감정鑑定 사물의 특성이나 참과 거짓, 좋고 나쁨을 분별하여 판정함.

피어 보며 정신 노력으로나 물질 희사로나 사회 국가를 위하여 노력한 일이 얼마나 있는가를 대조하여 보아서 세상에 유익 줄 일은 할지언정 법률에 위반되는 행동은 아니 하기 위하여 새로운 **각성**으로 매일매일 **일기**를 계속하여 보라."

5. 원기27년 동선壬午冬禪에 대종사 선원에서 말씀하시었다.

"그대들이 이곳에 오기는 무엇을 구하려 함인가. 마땅히 **불법**을 구하러 왔다고 할 것이다. 그러나 이 불법도 혹은 죄를 사하고 복을 비는 데 필요하게 아는 이도 있고, 혹은 **신통 묘술**을 얻는 데 필요하게 아는 이도 있고, 혹은 큰 도를 깨쳐서 모든 **사리**를 **통달**하는 데 필요하게 아는 이도 있을 것이다. 그런데, 우리 불법 가운데에는 우리 육신 생활상에 **의식주** 3건보다 더 필요한 것이 몇 가지 있으니 그대들 가운데 이 점을 발견하여 구하는 이가 있으면 말하여 보라."

즉석에서 몇 사람의 대답이 있었고 이어서 3일 동안 경전 시간마다 여러 사람의 대답이 있었다. 대종사 들으시고 말씀하시었다.

각성覺醒 깨어 정신을 차림.
일기日記 공부한 결과를 스스로 반성하고 대조하여 기록하는 것.
임오동선壬午冬禪 원기27(1942)년, 임오년에 익산총부에서 1개월간 1백여 명이 입선한 동선.
불법佛法 부처의 가르침.
신통묘술神通妙術 신통은 모든 일에 헤아릴 수 없이 신기하게 통달하는 것, 묘술은 보통 인간으로서는 하기 힘든 뛰어난 술법.
사리事理 인간의 일[事]과 우주의 이치[理].
통달通達 막힘없이 환히 통함.
의식주衣食住 옷과 음식과 집.

"며칠을 두고 잘하는 이의 말도 듣고 못 하는 이의 말도 들어 보았으나 어떤 문제를 대답할 때에는 '이것이 무엇이냐.'라고 하면 '그것은 이것이요.'라고 **간단명료**하게 하되, 바르게 하는 것이 가장 잘하는 대답일 것이다. 대저, 의식주란 육신 생활에 가장 필요하고 떠날 수 없는 것인데 의식주보다 더 요긴한 것이 있다면 그것은 의식주를 만들어 주는 것이 아닌가. 그런데, 그것이 우리 불법에 들어 있으니 그는 곧 **수양**·**연구**·**취사**의 삼대력이다. 의식주를 구할 때 일심·알음알이·실행이 들지 아니하고 의식주가 잘 장만 되며 잘 사용될 수 있겠는가. 그러므로 내가 일찍부터 항상 말하기를 **소인**은 먼저 의식을 구하고자 하나 **대인**은 의식을 구하기 전에 삼대력을 먼저 갖춘다고 한 것이다.

지금은 아직도 **인지**가 미개한지라 모든 사람이 의식주 구하기에만 급급하여 삼대력 구하는 데에 별로 정신을 쓰지 아니하나 앞으로 인류의 정신이 고루 문명해질 때에는 모든 사람이 이 삼대력 구함을 먼저 하여 삼대력으로써 의식주를 구할 것이다. 또는 불법의 필요 점을 두 가지로 말할 수도 있으니, 첫째는 내 마음의 근본 자리를 알기 위함이요, 둘째는 내 마음을 내 마음대로 사용하기 위함이라고 할 수 있는 것

간단명료簡單明瞭 간단하고 분명함.
수양修養 도를 닦고 덕을 기름. 정신수양의 준말.
연구硏究 어떤 일이나 사물에 대하여 깊이 있게 조사하고 생각하여 따져 보는 일. 사리연구의 준말.
취사取捨 취하고 버림. 작업취사의 준말.
소인小人 도량이 좁고 간사한 사람.
대인大人 지혜가 밝고 학덕이 높은 수행자. 군자. 불보살.
인지人智 사람의 슬기나 지식.

이며, 또는 첫째로 생로병사의 이치를 깨닫기 위함이요, 둘째로 **죄복**의 **소종래**를 알기 위함이라고 할 수 있을 것이다."

6. 원기28년 4월 13일 대종사 선원 **야회**시간에 말씀하시었다.

"내가 **일전**에 서울을 다녀왔는데 조선 사람은 불법에 대한 신앙생활이 **박약**하며 종교심이 박약하다고 평론하는 말을 들었다. 불법의 신앙생활은 어떠한 것이며 종교심은 어떠한 것인가, 누가 말하여 보라."

송도성이 대답하였다.

"신앙생활에 여러 가지가 있으나 **불제자**들은 **불·법·승 삼보**를 신앙한다고 하겠습니다. 불은 **삼신불** 즉 **법신·보신·화신불**을 다 신앙하여야 하며, 법은 부처님이 제정하신 법을 다 신앙하여야 하며, 승은 부처님의 법을 받들어 행하는 불보살들을 다 신앙하여야 할 것입니다. 종교심이란 곧 그러한 신앙심의 뿌리가 되는 간절한 소원을 이름함이라

죄복罪福 죄와 복.
소종래所從來 지내 온 근본 내력.
야회夜會 저녁에 갖는 정례법회.
일전日前 며칠 전.
박약薄弱 의지나 체력 따위가 굳세지 못하고 여림.
송도성宋道性 275p 인물 주석 참조.
불제자佛弟子 불교에 귀의한 사람들의 통칭.
불·법·승 삼보佛法僧三寶 불보(佛寶)·법보(法寶)·승보(僧寶)가 이 세상에서 가장 소중한 세 가지 보물이라는 뜻.
삼신불三身佛 대승불교에서 불신을 성질상 셋으로 나눈 법신불·보신불·화신불.
법신法身·**보신**報身·**화신불**化身佛 영겁토록 변치 아니하는 만유의 본체인 이불(理佛)이 법신불, 인(因)에 따라 나타난 불신으로서 수행정진을 통해 얻어진 영원한 불성을 보신불, 화신불은 일체중생을 제도하기 위해 불신으로 화현한 역사적 부처.

생각합니다."

공덕유孔德宥 대답하였다.

"불법을 생활화하는 것이 신앙생활이요, 그 생활을 하는 마음이 종교심일 것입니다."

송규 대답하였다.

"계문을 **엄중**하게 지키는 것이 신앙생활이요, 선량한 마음이 종교심입니다."

대종사 말씀하시었다.

"과거에는 불·법·승 삼보를 신앙하는 데에만 그쳤으나 우리는 삼보를 신앙하면서 불법을 생활에 **부합**시켜 활용하나니, 이것이 곧 산 불법의 신앙생활이요, **인과 보응**되는 이치를 알아서 매일매일 옳은 일을 하는가, 그른 일을 하는가를 항상 자기가 자기를 대조하여 **30계문**을 엄숙하게 지키고 **솔성요론**을 **실천궁행**하여 삼대력 얻어 나가는 **대중**을 잡는 것이 곧 종교심이니라."

공덕유孔德宥 알 수 없음.
송규宋奎 275p 인물 주석 참조.
엄중嚴重 엄격하고 정중함.
부합附合 서로 맞대어 붙임.
인과보응因果報應 지은 바(원인)에 따라 반드시 결과를 받게 되는 원리. 인과응보라고도 함.
30계문三十戒文 원불교 교도들이 지켜야할 30가지 계율로 보통급 10계문·특신급 10계문·법마상전급 10계문.
솔성요론率性要論 마음을 다스리고 인격 완성을 위해 권장하는 중요 실천 덕목.
실천궁행實踐躬行 실제로 몸소 이행함.
대중 어떠한 표준이나 기준.

7. 대종사 말씀하시었다.

"등잔불은 등대에 가려서 밑을 비추지 못하고 보통 **중생**은 **아상**에 가려서 자기의 잘못을 모르나니, **상**이 없이 **내외**가 공한 마음으로써 법을 구하고 그 마음에 바탕하여 일체 지식을 갖춘다면 **복혜양족**의 주인공이 되는 동시에 **중생 제도**하는 **자비불**이 될 것이다. 그러므로 과거 **불조**께서 법을 구하러 온 사람에게 먼저 상을 놓으라고 하신 것이다."

8. 원기27년 **동선**에 대종사 선원에서 말씀하시었다.

"중생들의 생활은 마치 아이들의 소꿉놀이와 같아서 큰일이나 하는 것같이 종일토록 **부산히** 싸대나 아무 소득이 없는 것이다. 가족 몇 식구 데리고 **의식**衣食에 급급하여 **탐·진·치**로 죄만 짓고 사는 것이다. 부처님들은 생사의 이치와 인과의 이치가 **사시순환 주야변천**같이 되

등잔불燈盞- 등잔에 켠 불. 등불.
등대燈臺 등잔을 걸어 놓을 수 있게 나무로 만든 대(臺).
중생衆生 생명을 가진 모든 것들.
아상我相 모든 것을 자기 본위로만 생각하여 자기와 자기의 것만 좋다하는 자존심.
상相 생각하는 것, 생각·관념. 아상·인상·중생상·수자상의 사상(四相).
내외內外 안과 밖.
복혜양족福慧兩足 어느 한쪽에 치우치지 않고 복과 지혜를 고루 갖춤.
중생제도衆生濟度 중생들을 고통의 세계에서 열반의 피안으로 구제하여 이끌어주는 것.
자비불慈悲佛 모든 중생을 사랑하고 가엾게 여기는 부처님.
불조佛祖 부처와 조사. 불교의 모든 성현.
동선冬禪 임오년(壬午年, 1942년)에 익산총부에 개설된 동선.
부산히 급하게 서둘러 어수선하고 바쁘게.
의식衣食 의복과 음식.
탐·진·치貪瞋癡 욕심·성냄·어리석음. 세 가지 해로운 마음.
사시순환四時循環 봄·여름·가을·겨울 사시절이 돌고 돈다는 의미.

는 것을 깨달아서 **육도사생**을 **자유자재**하는 것이다. 그러나 중생들은 내 마음이지마는 내 마음을 내 마음대로 못하고 **물욕**에 끌려서 마음을 내고 들이는 것이 마치 가을철에 마른 잎이 바람 부는 대로 쏠려 다니는 것 같은 것이다. 그대들은 여기에 주의하여 내 마음을 내 마음대로 하는 힘을 얻어서 **만법귀일**의 이치를 알아서 **무상대도**를 성취하기 바라노라."

9. 대종사 말씀하시었다.

"**한 사람이 출가**出家**하매 구족**九族**이 생천**生天한다는 말은 한 사람이 출가하매 모든 **친척**이 그 인연을 따라 차차 제도를 받게 됨을 말하는 것이다. 나도 처음 법을 펼 때 가족으로부터 **동리**, 동리로부터 각 지방 그리하여 수많은 회원이 되었으며, **일지**一持네 집안이라든지 **도산**

주야변천晝夜變遷 낮과 밤의 변화에 따라 바뀌고 변함.
육도사생六道四生 육도는 중생이 죽어서 머무른다는 장소를 여섯 가지로 나눈 것. 곧 지옥·아귀·축생·수라·인도·천도. 사생은 생물이 태어나는 4가지 유형으로 태생(胎生)·난생(卵生)·습생(濕生)·화생(化生).
자유자재自由自在 자유롭고 거침이 없이 자기의 뜻대로 할 수 있음.
물욕物慾 재물을 탐내는 마음.
만법귀일萬法歸一 모든 것이 마침내는 한곳으로 돌아감.
무상대도無上大道 이보다 더 높은 것이 없는 큰 도.
일자출가구족생천一子出家九族生天 한 가정에서 한 사람이 출가 수행하여 도를 깨치면, 구족이 모두 제도 받게 된다는 말.
구족九族 고조, 중조, 조부, 부, 자기, 아들, 손자, 증손, 현손까지의 동종 친족.
친척親戚 자기의 혈족이나 혼인 관계를 통해 혈연적으로 관계가 있는 일정한 범위의 사람들.
동리洞里 주로 시골에서, 여러 집이 모여 사는 곳.
일지一持 280p 인물 주석 참조.
도산道山 271p 인물 주석 참조.

道山네 집안이 또한 다 그렇지 아니한가. 숯장수 아이들은 숯장수 하기가 쉽고, 뱃사공 아이들은 뱃사공 하기가 쉽듯이 가까운 데로부터 보고 들은 것이 습관이 되고 직업이 되나니, 부모 노릇 하기가 가장 어렵고, 호주 노릇 하기가 가장 어려운 것이다. 그대들은 기위 출가하였으니 출가한 본위와 목적을 잃지 말고 **친족**이 고루 제도를 받아 함께 **천상락**을 즐길 수 있도록 하여야 할 것이다."

10. 대종사 말씀하시었다.

"불제자는 먼저 부처님의 **대자대비**를 **체득**해야 할 것이니 모든 중생이 선한 일을 행하여 **선도**에 오르는 것을 자기 자식 이상으로 사랑하고 **북돋아** 줄 것이요, 모든 중생이 악한 일을 행하여 **악도**에 떨어지는 것을 자기 자식 이상으로 불쌍히 여겨서 제도해 주어야 할 것이다.

불제자는 또한 **생멸 없는 이치**를 깨달아 **생사**에 **해탈**을 얻어야 할 것이니, 생사라 하는 것은 사시순환과 같은 것이며, 주야변천과 같은 것이며, **일월 왕래**와 같은 것이며, 호흡과 같은 것이며, 눈 깜짝이는 것과

친족親族 촌수가 가까운 일가.
천상락天上樂 도(道)로써 즐기는 즐거움.
대자대비大慈大悲 한없이 크고 넓은 부처님의 자비.
체득體得 몸소 체험하여 알게 됨. 뜻을 깊이 이해하여 실천으로써 본뜸.
선도善道 밝고 행복한 길. 또는 육도세계 중 천도·인도·수라도.
북돋아 '북돋우다', 기운이나 정신 따위를 더욱 높여 주다.
악도惡道 어둡고 괴로운 길. 또는 육도 중 지옥도·아귀도·축생도·수라도.
생멸 없는 이치生滅--理致 태어남도 멸함도 없는 이치. 곧 불생불멸·무생무멸의 이치.
생사에 해탈生死-解脫 생사의 윤회에서 벗어나 생사를 자유로 할 수 있는 능력 또는 그러한 경지.
일월왕래日月往來 해와 달이 가고 오고 함.

같은 것이다. 가령 사람이 호흡이나 눈 깜짝임을 자유로 하고 자유로 아니할 사람이 누가 있으리오. 감으면 뜨게 되고 뜨면 감게 되며, 들이쉬면 내쉬게 되고 내쉬면 들이쉬게 되며, 밝으면 어두워지고 어두우면 밝아지며, **춘하**가 **추동**되고 추동이 춘하 되나니, 생사도 또한 이와 같은 것이다.

불제자는 또한 인과 보응되는 이치를 알아서 오직 **악업**은 짓지 아니하고 **선업**을 계속 지어야 할 것이니, 선악 간 인을 지으면 지은 대로 과를 받게 되어 육도와 사생으로 변화하게 되는 것이다.

우리가 **육근**을 동작할 때에 **일동일정**에 인과가 붙게 되나니, 자기가 지어서 자기가 받는 내력과 **일체**一切가 **유심조**唯心造되는 내력을 **확철대오**하여 복혜양족한 부처의 **지행**을 갖출 것이다."

11. 대종사 말씀하시었다.

"**부처님**께서는 **법**을 구하는 데에 몸을 잊으시는데, **범부중생**은 새물

춘하春夏 봄과 여름.
추동秋冬 가을과 겨울.
악업惡業 몸·입·뜻으로 짓는 악한 과보를 받을 행위.
선업善業 좋은 행위. 올바른 행위. 착한 행위.
육근六根 심신을 작용하는 여섯 가지 감각기관으로서, 눈(眼根)·귀(耳根)·코(鼻根)·입(舌根)·몸(身根)·뜻(意根)의 총칭.
일동일정一動一靜 하나하나의 동정. 또는 모든 동작.
일체가 **유심조**一切-唯心造 모든 일은 다 마음이 들어서 그렇게 만들어짐.
확철대오廓徹大悟 확연히 꿰뚫어 크게 깨우침.
지행知行 지식과 행동.
법法 진리 그 자체. 부처님·하느님·도(道)·무극·태극 등과 같은 개념.

구하는 데 몸을 잊으며 **여색** 구하는 데 몸을 잊으며 **명리** 구하는 데 몸을 잊나니, 어느 **겨를**에 법이 구해 지리오. 법을 구하러 온 그대들은 부처님의 **권속**인가를 잘 살피어 부처님 같은 **위법망구**爲法忘軀로 법 구하는 데에 몸을 잊어라."

12. 대종사 말씀하시었다.

"간밤에 큰비가 내린 후 **하도** 달이 밝기로 밖에 나와 거닐며 살피어 보니, **마당** 여기저기 웅덩이마다 물이 고여 있고, 물 고인 웅덩이마다 밝은 달이 하나씩 비쳐 있더라. 이 웅덩이에도 달이 있고 저 웅덩이에도 달이 있는데 깊은 웅덩이에는 물도 오래 가고 달도 오래 비치지마는 엷은 웅덩이에는 물도 오래 가지 못하고 달도 바로 사라질 것이다. 생사의 이치도 또한 그러하나니, 물이 있으매 달이 비치고 물이 다하매 달이 없으니 물은 어디로 갔으며 달은 어디로 갔는가. 생사의 이치가 이러하나니 모두 깊이 한번 **궁구**해 보라."

범부중생凡夫衆生 범부는 지혜가 얕고 우둔한 사람. 중생은 불보살의 구제 대상이 되는 모든 인간, 또는 일체 생명.
여색女色 여자와의 육체적 관계.
명리名利 명예와 이익.
겨를 어떤 일을 하다가 다른 일이나 생각으로 돌릴 수 있는 시간적인 여유.
권속眷屬 한집에서 거느리고 사는 식구.
위법망구爲法忘軀 법을 위해 몸을 잊는 것.
간밤 지난밤.
하도 정도가 아주 심하여.
마당 집의 앞이나 뒤에 평평하게 닦아 놓은 땅.
궁구窮究 깊이 파고들어 연구함.

자초지종장
自 初 至 終 章

18

자초지종장(自初至終章)
정산 종사와 만남, 그리고 제자들의 공부를 독려하며 공부실적에 대한 내용이다.

1. 대종사 하루는 **김성섭**金成燮:八山을 부르시어 말씀하시었다.

"전북 정읍 땅에 경북 성주에서 온 **송모**라는 젊은이가 있거든 데리고 오라."

팔산이 명을 받들어 찾아가던 즉시로 **송도군**宋道君:鼎山을 만나 대종사의 말씀을 전하였다. 도군 또한 **숙연**임을 크게 깨달아 말하기를 "나 역시 큰 원을 품고 수 백리를 정처 없이 왔으나 항시 마음에 무엇이 걸린 것만 같아 **주소**로 걱정하던 중 오늘에 불러 주시니 이제 **영겁 대사**를 해결할 날이 왔습니다."라고 하며 멀리 **사배**를 올리고 즉시로 동행하려 하였다. 그러나 그 집주인의 지극한 만류로 일시에 **정의**를 떼지 못하여 팔산과는 **후약**을 두고 갈리었다. 팔산이 돌아와 대종사께 그 사유를 고하니 대종사 미리 짐작하신 바 있으신 듯하였다. 2, 3개월이 지나매 친히 팔산을 **대동**하시고 그곳을 찾아가 **일숙** 하신 후 사제 겸 부자의 의를 맺으시고 말씀하시었다.

김성섭金成燮:八山 269p 인물 주석 참조.
송모宋某 송(宋)씨 성을 가진 사람.
송도군宋道君:鼎山 275p 인물 주석 참조.
숙연宿緣 오래 묵은 인연. 전생(前生)의 인연.
주소晝宵 밤낮.
영겁대사永劫大事 영원한 세월에 가장 크고 중요한 일.
사배四拜 네 번 거듭하여 절함. 임금이나 진리, 스승에게 사배를 올림. 원불교에서는 천지은·부모은·동포은·법률은 사은에 헌배하는 의미로 사배함.
정의情意 따뜻한 마음과 참된 의사.
후약後約 뒷날에 하기로 한 약속.
대동帶同 함께 데리고 감.
일숙一宿 하룻밤을 묵음.

"이 일이 우연한 일이랴. **숙겁 다생**에 기약한 바 컸었느니라."

대종사 정산을 영광으로 데리고 오시어 **중앙위**에 오르게 하시고 **수기**를 주시어 **제반** 사무를 대행케 하시므로 **8위**와 일반 대중은 19세의 **연소**한 분이나 **장형**같이 숭배하며 받들었다.

2. 대종사 **초창** 당시에 낮에는 일을 하여 **회상창립**과 육신 생활을 하게 하시고 밤에는 진리를 **연구**하여 **생사 대사**를 해결하고 **선**을 하여 **수양공부**에 **전공**케 하시었다. 하루는 대종사 대중의 **심공**을 시험해 보시기 위하여 친히 글 한 짝을 지어 주시며 '이 글에 대꾸할 자 있느냐.' 라고 물으시었다. 대중 중에 감히 짝을 채우는 사람이 없으매 대종사

숙겁다생宿劫多生 무한한 세월에 수많은 생을 받게 되는 것.
중앙위中央位 10인 1단으로 조직된 교화단의 단장을 보좌하는 자리.
수기授記 새 회상의 미래에 대하여 미리 지시한 예언적인 가르침.
제반諸般 여러 가지.
8위八位 원기2(1917)년, 최초의 단(團)을 조직하며 정한 8방위로 건방 이재풍(재철), 삼방 이인명(순순), 간방 김성구(기천), 진방 오재겸(창건), 손방 박경문(세철), 이방 박한석(동국), 곤방 유성국(건), 태방 김성섭(광선).
연소年少 나이가 적고 어림.
장형長兄 여러 형제 중에서 맨 위의 형.
초창草創 어떤 사업을 처음으로 일으켜 시작함.
회상창립會上創立 회상을 새로 세움. 원불교의 교문을 여는 일.
연구研究 어떤 일이나 사물에 대하여 깊이 있게 조사하고 생각하여 따져 보는 일. 사리연구의 준말.
생사대사生死大事 인생에 있어서 태어나고 죽는 일이 매우 크고 중요한 일.
선禪 마음을 가다듬고 정신을 통일하여 무아정적(無我靜寂)의 경지에 도달하는 정신집중의 수행 방법.
수양공부修養工夫 분별성과 주착심을 없게 하며, 두렷하고 고요한 정신을 양성하는 공부. 정신수양 공부의 준말.
전공專攻 어떤 분야나 학문을 전문적으로 연구함.
심공心功 마음속으로 수행 적공하는 것.

친히 짝을 채워 일러주었다. 그 글은 다음과 같았다. 「천지만물포태성天地萬物胞胎成 일월일점자오조日月一點子午調」

3. 대종사 초창 당시에 김성섭을 데리시고 노루목에서 같이 밀을 베시다가 성섭에게 낫질을 멈추라 하시고 글 한 귀를 읊어 주시니 별안간 공기가 맑아지고 사방에 바람이 자면서 천지에 풍악이 진동하였다. 그 글은 다음과 같다. 「호남공중하처운湖南空中何處云 천하강산제일루天下江山第一樓」

4. 한 제자가 대종사께 여쭈었다.

"제일 사랑하시는 제자는 어떠한 자격을 가진 사람이오리까."

대종사 말씀하시었다.

"그대도 이미 여러 자녀를 거느렸으니 그중에 어떠한 자녀가 제일 사랑스럽던가."

그 제자 사뢰었다.

"저의 시키는 대로 모든 말을 잘 듣는 자식이 제일 사랑스럽더이다."

천지만물포태성天地萬物胞胎成 천지만물은 한 포태에서 이루어졌고,
일월일점자오조日月一點子午調 해와 달의 일점은 밤과 낮을 고르더라.
노루목獐項 전라남도 영광군 백수읍 길룡리에 있는 지명으로 대종사가 깨달음을 얻은 곳.
자면서 잠잠해 지면서.
풍악風樂 예로부터 전해 오는 우리나라 고유의 음악.
진동振動 아주 심하게 나는 상태.
호남공중하처운湖南空中何處云 호남 공중을 어느 곳이라 이르는 고.
천하강산제일루天下江山第一樓 천하강산에 으뜸가는 곳이더라.

대종사 말씀하시었다.

"그렇다면 그를 **미루어** 생각하여 보라. 나의 제자 사랑하는 것도 그와 같나니 나의 시키는 대로 공부도 잘하고 사업도 잘하며 모든 것을 나의 명령에 위반됨이 없는 제자를 제일 사랑하노라."

5. 대종사 **석두암**石頭庵에 계실 때 한 여인이 와서 "저 같은 여자의 몸으로도 남자 제자와 같이 **대성현**을 모시고 자 볼 수 있나이까." 모시고 있던 제자들이 그 **온당**치 못함을 꾸짖으려 하니 대종사 제자들에게 말씀하시었다.

"저 여인의 원이 지극하니 너희들 자는 옆에 하룻밤 재우라."

6. 대종사 말씀하시었다.

"어느 큰 사찰 부근에 여자 신도 한 사람이 **어육주초**로써 여러 승려를 **음탕**하게 **농락**하여 **사원**의 재산을 십 년 내로 전무 착취하더니 그 여자는 일시에 부호가 되고 사원은 **빈찰**이 되어 결국 여자에게 이용을

미루어 견주어 다른 것을 헤아림.
석두암石頭庵 대종사가 원기6(1921)년 가을부터 익산총부 건설 전까지 머물렀던 전라북도 부안군 변산에 있었던 초당.
대성현大聖賢 가장 위대한 성인과 현인. 여기에서는 대종사를 지칭함.
온당穩當 판단이나 행동 따위가 사리에 어긋나지 아니하고 알맞음.
어육주초魚肉酒草 생선과 짐승의 살코기와 술과 담배.
음탕淫蕩 음란하고 방탕함.
농락籠絡 남을 교묘한 꾀로 휘잡아서 제 마음대로 놀리거나 이용함.
사원寺院 종교의 교당. 여기에서는 사찰을 말함.
빈찰貧刹 가난한 절.

당하였는데 **천리**가 무심치 않아 그 여자가 우연히 병을 얻어 **반신불수**가 되므로 그가 벌어 놓았던 재산 전부를 치료비에 다 쓰고 나중에는 할 수 없이 사원의 **처진 음식**으로 겨우 생명을 유지하다가 **금사망보**까지 받은 일이 있다 하니 참으로 여러 사람의 **성금**은 무서운 것이다."

7. 대종사 말씀하시었다.

"교도 중에 혹 **은부모**恩父母 **법자녀**法子女와 **은형제**를 결의할 때에는 반드시 남자는 남자에게 한하고 여자는 여자에게 한하라."

8. 대종사 **성의**誠意 **융화**融和 **능률**能率 **주밀**周密 4개 조항으로써 일반 임원에게 **훈시**하시고 또한 이로써 매양 그 실적을 대조케 하시었다.

천리天理 천지자연의 이치. 또는 하늘의 바른 도리.
반신불수半身不隨 병이나 사고로 반신이 마비되는 일.
처진 음식 쓸 만한 것을 추린 후 남는 음식.
금사망보金絲網報 금색 그물 무늬를 몸에 두른 구렁이로 태어나는 과보.
성금誠金 정성으로 내는 돈.
은부모恩父母 친자녀와 같이 자비를 베푼다는 의(義)로 맺은 부모.
법자녀法子女 친부모와 같이 정신과 육신을 보호한다는 의(義)를 맺은 자녀. 은자녀(恩子女)와 같은 뜻.
은형제恩兄弟 형제와 같이 의(義)를 맺은 법형제.
성의誠意 진실 되고 정성스러움.
융화融和 서로 어울려 갈등이 없이 화목하게 됨.
능률能率 일정한 시간에 할 수 있는 일의 비율.
주밀周密 허술한 구석이 없고 세밀함.
훈시訓示 가르쳐 보이거나 타이름.

요언법훈장
要言法訓章

19

요언법훈장(要言法訓章)
단편적인 문장으로 사람이 세상을 살아가는 데 도움이 되고 교훈이 되는 긴요한 법문이다.

1. 대종사 말씀하시었다.

"어리석은 사람은 그 생활을 육신의 힘으로만 사는 줄 알고 정신의 힘으로 사는 이치를 알지 못하며 **목전**의 **이해**만 알고 **장래**의 이해를 알지 못하는 것이다."

2. 대종사 말씀하시었다.

"**선**禪은 모든 사람의 복잡한 마음을 쉬는 휴식처요, **오욕**에 때 묻은 마음을 씻는 세탁소다."

3. 대종사 말씀하시었다.

"세상의 빛 가운데에는 **5색**이 물들기 전 백색이 최상이 되고, 사람의 마음 가운데에는 오욕이 물들기 전 **소심**素心이 최상이 된다."

4. 대종사 여러 제자에게 말씀하시었다.

"**출가인**出家人은 먼저 **자력**으로써 생활할 만한 기술을 준비하여야

목전目前 눈앞.
이해利害 이익과 손해.
장래將來 다가올 앞날.
선禪 마음을 가다듬고 정신을 통일하여 무아정적(無我靜寂)의 경지에 도달하는 정신집중의 수행방법.
오욕五慾 인간이 갖고 있는 다섯 가지 기본적인 욕망. 식욕·색욕·재물욕·명예욕·수면욕.
5색五色 다섯 가지의 빛깔. 파랑, 노랑, 빨강, 하양, 검정.
소심素心 본디 지니고 있는 마음.
출가인出家人 몸과 마음을 원불교의 발전과 제생의세의 사업을 위해 전무출신한 사람.
자력自力 자기 스스로의 힘.

할 것이니 만일 공부를 하고자 하면서 자력 생활할 능력이 없다면 그 공부하는 권리가 자신에게 있는 것이 아니라 다른 사람에게 있는 것이다."

5. 대종사 말씀하시었다.

"참된 자에게는 반드시 큰 성공이 오고 거짓된 자에게는 반드시 큰 실패가 오는 것이 진리의 순서이다."

6. 또 말씀하시었다.

"욕심을 품고 악을 행하는 자는 **마왕**의 **사자**이요, **정심**을 가지고 **선**을 행하는 자는 부처님의 사자이다."

7. 또 말씀하시었다.

"마음을 뭉쳐서 **일편단심**이 되면 큰 천지라도 능히 마음대로 움직일 수 있으나 마음이 풀어지고 흩어지면 모기 한 마리라도 어찌할 능력이 없는 것이다."

마왕魔王 마귀의 왕. 대도정법을 방해하는 온갖 번뇌망상·사심잡념·삼독오욕의 왕.
사자使者 명령이나 부탁을 받고 심부름하는 사람.
정심正心 올바른 마음.
선善 올바르고 착하여 도덕적 기준에 맞음.
일편단심一片丹心 한 조각의 붉은 마음이라는 뜻으로, 진심에서 우러나오는 변치 아니하는 마음.

8. 또 말씀하시었다.

"**삼계**의 지옥을 벗어나고자 할진대 먼저 **삼독심**을 항복받아야 한다."

9. 또 말씀하시었다.

"수도인의 **진면목**은 항시 **공공적적**空空寂寂하고 **염념불매**念念不昧하여 **진공묘유**가 되는 때이다."

10. 또 말씀하시었다.

"수도인은 허위와 가식이 없어야 하나니 만일 조금이라도 허위와 조작이 있다면 **천진면목이 손상**되어 참 가치를 잃어버리는 것이다."

11. 대종사 말씀하시었다.

"마음이 열린 사람의 말은 아무리 어리석은 사람이 들을지라도 그 어두운 마음이 열려서 속이 시원하여지나 마음이 막힌 사람의 말은 아무

삼계三界 중생들이 생사 윤회하는 세 가지 세계. 욕계(欲界)·색계(色界)·무색계(無色界).
삼독심三毒心 세 가지 해로운 마음. 탐욕심(貪欲心, 욕심내는 마음)·진에심(瞋恚心, 화내는 마음)·우치심(愚癡心, 어리석은 마음). 줄여서 탐·진·치라고 함.
진면목眞面目 본디부터 지니고 있는 그대로의 상태.
공공적적空空寂寂 번뇌 망상이나 애착 탐착이 없어 무아무심(無我無心)이 된 경지.
염념불매念念不昧 한순간도 어두워지지 않음.
진공묘유眞空妙有 텅 비어 아무것도 없는 가운데 불가사의한 진리의 작용.
천진면목天眞面目 꾸밈이나 거짓 없이 자연 그대로 순진한 모습.
손상損傷 명예나 체면, 가치 따위가 떨어짐.

리 밝은 사람이 들을지라도 그 **혜문**慧門이 닫혀서 속이 답답하여지는 것이다."

12. 대종사 말씀하시었다.
"소인들은 **매사**를 **이**利로써 **친압**하려 하기 때문에 결국은 이와 **의**義 중에 이만 따라온다. 그런고로 평생을 이끗만 탐하는 자는 소인이 되고 평생을 의에 **종사**하는 이는 대인이 되는 것이다."

13. 대종사 말씀하시었다.
"모든 사람이 **피차**없이 다 잘 아는 체하나 그 아는 것은 무엇이며 또 다 잘했다고 자랑하나 그 해놓은 것은 무엇인지 다시금 생각해 볼 일이다."

14. 대종사 말씀하시었다.
"세상 사람들의 큰 병은 아는 데에만 힘쓰고 실행이 없음이다."

혜문慧門 지혜의 문.
매사每事 하나하나의 모든 일.
이利 이롭다. 이익이 됨.
친압親狎 너무 지나치게 친함.
의義 지키고 행하여야 할 바른 도리.
종사從事 일정한 일에 마음을 다하여 일함.
피차彼此 저것과 이것. 이쪽과 저쪽의 양쪽.

15. 대종사 말씀하시었다.

"도의 맛은 **담담**하기 물과 같은 것이라 물이 비록 담담하여 별맛이 없다 하나 구하던 자가 얻으면 즐겨할 것이다."

16. 대종사 말씀하시었다.

"과학의 **주체**와 종교의 주체를 간단히 들어 말한다면 과학의 주체는 육신 생활의 편리를 도와주는 것이요, 종교의 주체는 정신생활의 편리를 도와주는 것이다."

17. 대종사 말씀하시었다.

"사람의 욕심을 항복 받지 못하면 세상 영원히 평화를 보지 못할 것이요, 종교의 힘이 아니면 사람의 불같은 욕심을 항복 받을 수 없을 것이다."

18. 대종사 말씀하시었다.

"큰 도에 들지 못하게 하는 **장벽** 넷이 있으니, 그 하나는 한 방면에 치우친 작은 **선**이요, 둘은 **박람박식**이 됨이요, 셋은 한 방면에 재주가 출중함이요, 넷은 재산과 지위가 솟은 것이라. 이 네 가지를 **구비**하고

담담淡淡 담백함(욕심이 없고 마음이 깨끗함).
주체主體 어떤 단체나 물건의 주가 되는 부분.
장벽障壁 장애가 되는 것이나 극복하기 어려운 것.
선善 올바르고 착하여 도덕적 기준에 맞음.
박람박식博覽博識 책을 두루 많이 읽어 지식이 넓고 아는 것이 많음.
구비具備 있어야 할 것을 빠짐없이 다 갖춤.

도 **장애**가 없는 사람은 **상근기**이다."

19. 또 말씀하시었다.

"한 마음이 통하여지매 일만 법이 따라서 통하고 한 마음이 막히매 일만 법이 따라서 막히는 것이다."

20. 대종사 말씀하시었다.

"**범상**한 사람은 그 앎이 크지 못하므로 항상 제가 아는 바로 제 지옥을 삼는 것이다."

21. 대종사 말씀하시었다.

"유식하면서도 배우기를 좋아하는 자는 밝은 데서 밝은 데로 들어가는 격이요. 무식하면서도 배우기를 싫어하는 자는 어둔 데서 어둔 데로 들어가는 격이다."

22. 또 말씀하시었다.

"머리를 숙이고 배우는 것은 한때의 부끄러움이나 묻지 아니하고 모르는 것은 일생의 부끄러움이다."

장애障礙 어떤 사물의 진행을 가로막아 거치적거리게 하거나 충분한 기능을 하지 못하게 함.
상근기上根機 불법(교법)을 믿고 수행해 가는 능력 또는 자질이 가장 수승(殊勝)한 사람.
범상凡常 중요하게 여길 만하지 아니하고 예사로움.

23. 또 말씀하시었다.

"참으로 아는 자는 가벼이 아는 체를 아니 하고 가벼이 아는 체하는 자는 참으로 아는 자가 아니니, 참으로 아는 자는 매사에 조심이 많아서 비록 **중인**의 윗자리에 있어서도 해를 끼치는 일이 없는 것이다."

24. 대종사 말씀하시었다.

"살기를 좋아하는 사람은 죽는 이치는 알지 못하고, 자살을 **도모**하는 사람은 다시 살아지는 이치는 알지 못하나니 참으로 **농판**이다."

25. 대종사 말씀하시었다.

"일하는 데 노력하는 사람은 밥을 구하지 아니하여도 밥이 많으며 **장구**할 것이요, 먹는 데만 노력하는 사람은 밥이 부족도 하려니와 또한 장구하지 못할 것이다."

26. 대종사 말씀하시었다.

"**우치**한 사람은 명예를 구하는 것이 도리어 명예를 손상하게 하며, 부처와 성인은 따로 구하지 아니하고 당연한 책임만 행하건만은 위대

중인衆人 많은 사람.
도모圖謀 어떤 일을 이루려고 대책과 방법을 꾀함.
농판 '멍청이'의 방언(전라남도).
장구長久 매우 길고 오램.
우치愚癡 매우 어리석고 못남.

한 명예가 스스로 돌아오는 것이다."

27. 또 말씀하시었다.

"남이 알아주지 않음을 근심하지 말고 먼저 **지행**을 갖추라. 이름은 **실實**의 그림자이니 실이 있는 곳에는 반드시 이름이 있으나, 이름이 있는 곳에는 반드시 실이 있지는 못한 것이다."

28. 대종사 말씀하시었다.

"세상의 진리가 숨어 있는 것은 반드시 나타나고 만다. 그러므로 이런 진리를 알고 사는 사람은 죄를 짓고 드러내지 아니하려 애쓰는 것보다 **애초**에 죄를 짓지 아니하는 데에 노력하는 것이다."

29. 대종사 말씀하시었다.

"마음이 참된 자는 진리가 복으로써 선사하고, 마음이 거짓된 자는 진리가 재앙으로써 선사하는 것이다."

30. 대종사 말씀하시었다.

"참된 말은 거짓 사람의 마음을 불안하게 하고, 거짓된 말은 참 사람의 마음을 불안하게 하는 것이다."

지행知行 지식과 행동.
실實 내용이나 실상.
애초-初 맨 처음.

31. 대종사 말씀하시었다.

"은혜를 발견하면 원수도 다시 은인으로 **화하**고 원망이 일어나면 은인도 오히려 원수가 되는 것이다."

32. 또 말씀하시었다.

"남의 은혜만 많이 바라는 사람으로서 다른 사람의 **세정** 알아주기가 어렵고, 제 **욕망**만 채우려는 사람으로서 남에게 **혜시**하기가 어려운 것이다."

33. 원기24년己卯 여름에 오래 가물어 농민들의 **원성**이 **자못** 높았다. 대종사 **요언**으로써 훈시하시었다.

"비가 오래 오지 않는 데에 사는 농민 대중은 천지를 원망하는 것보다 과거의 **은덕**을 더욱 느낄지어다."

은인恩人 자신에게 은혜를 베푼 사람.
화하고化-- 상태가 변화하고.
세정世情 세상 사정이나 형편.
욕망慾望 부족을 느껴 무엇을 가지거나 누리고자 탐함.
혜시惠施 다른 사람에게 은혜를 베푸는 것.
원기24년己卯 1939년, 기묘(己卯)는 육십갑자의 열여섯 번째.
원성怨聲 원망하는 소리.
자못 생각보다 매우.
요언要言 요점을 간추린 말.
은덕恩德 은혜와 덕.

34. 대종사 말씀하시었다.

"나의 잘못을 용서하는 마음으로 남의 잘못을 용서하면 **낙원**을 얻을 것이다."

35. 대종사 말씀하시었다.

"공부심이 없이 사는 사람들은 보통 하는 말이라도 **촉**이 달려 나오므로 결과를 나쁘게 맺어서 뒷날의 **화**를 불러오고, 공부심이 있게 사는 사람은 보통 하는 말이라도 **덕**이 따라 나오므로 결과를 좋게 맺어서 뒷날의 복을 불러오는 것이다."

36. 대종사 말씀하시었다.

"재앙은 대개 **매사**를 삼가지 않는 데로부터 오고 병은 대개 음식을 조절하지 않는 데로부터 오는 것이다."

37. 대종사 말씀하시었다.

"그대들은 **삼가** 남의 덕만 바라지 말고 나의 덕을 남에게 베풀기를 좋아하라. 짓지 아니하고 바라기만 하면 덕이 오지 아니하고 해가 오

낙원樂園 인류가 공통으로 추구하는 이상세계. 극락·천국과 같은 의미.
촉鏃 긴 물건의 끝에 박힌 뾰족한 것.
화禍 온갖 재앙.
덕德 도(道)를 행함에 따라 나타나는 은혜.
매사每事 하나하나의 모든 일.
삼가 겸손하고 조심하는 마음으로 정중하게.

는 것이다. 또는 내가 남을 사랑하기만 할 따름이요, 남이 나를 사랑하여 주기만 바라지 말라. 나의 사랑이 없이 **공연히** 바라기만 하면 사랑이 오지 아니하고 미움이 오는 것이다."

38. 대종사 말씀하시었다.

"**중생**과 **불보살**들이 다 같이 바쁘나, 중생은 천당을 부숴서 지옥 만들기에 바쁘고, 불보살들은 지옥을 부숴서 천당 만들기에 바쁘나니 그대들은 지금 무슨 일에 바쁜가를 반성하여 보라."

공연히空然- 아무 까닭이나 실속이 없게.
중생衆生 생명을 가진 모든 것들.
불보살佛菩薩 부처와 보살. 부처 또는 보살과 같은 인격자.

원시반본장
原始反本章

20

원시반본장(原始反本章)
이 회상은 큰 운수를 가진 새로운 시대의 회상으로 혈심제자가 한없이 나올 것이라는 내용이다.

1. 대종사 말씀하시었다.

"이 회상은 지나간 회상과 달라서 자주 있는 회상이 아니요, **원시반본**하는 시대에 따라서 나는 회상이라 그 운이 무진무궁하나 **선인**이 이르기를 5만년 **대운**이라 하였느니라."

2. **삼산**三山이 대종사께 여쭈었다.

"선인들이 말씀하신 **후천개벽**의 순서를 **계명이야분**鷄鳴而夜分하고 **견폐이인귀**犬吠而人歸라는 전래 **가사**에 따라 날이 새는 것에 비유하오면, **최 선생**의 **행적**은 **만뢰**가 깊이 잠든 **자시**子時에 첫 새벽을 알리는 **금계**金鷄의 행적이요, **강 선생**의 행적은 아직도 자는 사람이 많은 **축시**丑時

원시반본原始反本 처음 출발한 근본 원점으로 되돌아온다는 뜻.
무진무궁無盡無窮 끝이 없고 다함이 없음. 무궁무진.
선인仙人 도를 닦은 사람. 신선 같은 사람.
대운大運 아주 크고 좋은 운수.
삼산三山 274p 인물 주석 참조.
후천개벽後天開闢 선천의 묵은 세상이 지나가고 밝고 평등하고 살기 좋은 후천의 새로운 세계가 전개된다는 의미.
계명이야분鷄鳴而夜分 닭이 울면 밤이 나뉘고(날이 새고).
견폐이인귀犬吠而人歸 개가 짖으면 사람이 돌아온다(사람 온다).
가사歌詞 조선 중기부터 불린, 가사체의 긴 사설을 담은 노래.
최 선생崔先生 282p 인물 주석 참조.
행적行跡 행위의 실적(實績)이나 자취.
만뢰萬籟 자연계에서 나는 온갖 소리.
자시子時 십이시(十二時)의 첫째 시. 밤 열한 시부터 오전 한 시까지.
금계金鷄 꿩과에 속한 새.
강 선생姜先生 267p 인물 주석 참조.
축시丑時 십이시(十二時)의 둘째 시. 오전 한 시부터 세 시까지.

에 일찍 깬 사람이 **기척**을 미리 알리는 **영오**靈獒의 행적이요, 대종사의 행적은 날이 겨우 밝은 **인시**寅時에 활동을 개시한 주인主人의 행적이라 하오면 어떠하오니까?"

대종사 말씀하시었다.

"**근가**近可하니라."

이호춘李昊春이 다시 여쭈었다.

"그 일을 또한 일 년 농사에 비유하오면 최 선생은 **해동**이 되었으니 농사지을 준비를 하라 하신 것 같고, 강 선생은 어느 때는 못자리하고 어느 때는 **이앙**하느니라 하사 **농력 절후**를 일러 주신 것 같고, 대종사께서는 못자리는 이렇게 하고 이앙은 이렇게 하며 **김매고** 거두기는 또한 이렇게 하라 하사 직접 농사법을 가르쳐 주신 것과 같다 하오면 어떠하오니까?"

대종사 말씀하시었다.

"또한 근가하니라."

기척 누가 있는 줄을 짐작하여 알 만한 소리나 기색.
영오靈獒 상서롭고 신령스러운 개.
인시寅時 십이시(十二時)의 셋째 시. 오전 세시에서 다섯 시까지.
근가近可 좋거나 옳다고 할 정도에 거의 가깝게.
이호춘李昊春 280p 인물 주석 참조.
해동解凍 얼었던 것이 녹아서 풀림.
이앙移秧 모내기.
농력農曆 음력(陰曆). 태음력(달이 지구를 한 바퀴 도는 시간을 기준으로 만든 역법).
절후節候 한 해를 스물넷으로 나눈, 기후의 표준점.
김매고 논밭의 잡풀을 뽑아 없애고.

송도성宋道性이 다시 여쭈었다.

"그 분들은 그만한 신인이온데 그 제자들로 인하와 세인의 논평이 한결같지 않사오니, 그분들이 뒤 세상에 어떻게 돼 오리까."

대종사 말씀하시었다.

"사람의 일이 인증할 만한 이가 인증하면 그대로 되나니, 우리가 오늘에 이 말을 한 것도 우리 법이 드러나면 그분들이 드러나는 것이며, 또는 그 분들은 미래 도인들을 많이 도왔으니 미래의 도인들은 먼저 도인들을 많이 추존하리라."

3. 대종사 말씀하시었다.

"내가 회상을 연지 근 30년간에 너무 해석적으로 정법을 설하여 주었으므로 상근기는 염려 없으나 중·하근기는 쉽게 알고 구미호가 되어서 참 도를 얻기 어렵게 되니 이 실로 걱정되는 바이다. 더욱 심한 지방은 총부 부근과 서울이니 이후부터는 일반적으로 대략 수행길을

송도성宋道性 275p 인물 주석 참조.
신인神人 신령한 사람.
세인世人 세상사람.
추존推尊 높이 받들어 존경함.
정법正法 바른 교법·인의 대도. 대도정법의 준말.
상근기上根機 불법(교법)을 믿고 수행해 가는 능력 또는 자질이 가장 수승(殊勝)한 사람.
중·하근기中下根機 교법(敎法)을 수행할 수 있는 근기를 상·중·하로 나누었을 때, 교법(敎法)을 받아들여 성취할 품성과 능력이 중간 정도인 사람과 가장 낮은 정도의 사람.
구미호九尾狐 꼬리가 아홉 개 달린 여우. 몹시 교활한 사람을 비유적으로 이르는 말.
총부總部 원불교 교단 전체를 통할하는 본부. 익산총부(원불교 중앙총부의 옛 이름)를 말함.

잡은 **공부인**에게는 **선** 때나 **평상시**를 막론하고 **염불 좌선**과 **주문** 등으로 일심을 통일하는 데 노력하도록 하여야 할 것이다."

4. 대종사 말씀하시었다.

"내가 **다생 겁래**로 많은 회상을 열어 왔으나 이 회상같이 인연 깊은 제자가 많이 모이는 때가 없었다. 과거 회상에는 정법을 알아서 회상과 생명을 같이 할 **혈심제자** 한두 사람만 만나더라도 의심 없이 **도문**을 열었으나 지금 이 회상은 **판**이 큰지라 사방에서 정법을 이해하고 생명을 같이할 혈심제자가 수를 헤아릴 수 없다."

5. 대종사 하루는 **송규**에게 말씀하시었다.

"그대는 나를 만난 후로 오늘에 이르기까지 모든 일을 오직 내가 시키는 대로 할 따름이요 따로 그대의 의견을 세우는 일이 없었으니, 이

공부인工夫人 도문에 들어와 공부하는 사람. 수도인·구도자.
선禪 여기에서 선(禪)은 정기훈련(동·하선)을 말함.
평상시平常時 특별한 일이 없는 보통 때.
염불念佛 '나무아미타불'을 연속하여 부르며 산란한 정신을 일념으로 만들기 위한 공부법.
좌선坐禪 몸을 바르게 앉아서 하는 선(禪) 수행으로 마음과 기운을 단전(丹田)에 주(住)하여 근본정신을 찾는 공부.
주문呪文 모든 재액에서 벗어나 불보살의 위력을 얻게 된다는 신비로운 글귀. 원불교의 주문은 일심청정과 진리에 대한 귀의를 목적으로 함.
다생겁래多生劫來 아주 오랜 시간 계속된 여러 생.
혈심제자血心弟子 정당한 일을 이루기 위해서 자기의 생명도 바칠만한 정성을 가진 제자.
도문道門 여기에서는 종교의 문을 뜻함.
판 일이 벌어진 자리. 또는 그 장면.
송규宋奎 275p 인물 주석 참조.

는 다 나를 **신봉**함이 지극한 연고인 줄로 알거니와, 내가 만일 졸지에 오래 그대들을 떠나게 되면 그때에는 어찌하려는가. 앞으로는 모든 일에 의견을 세워도 보며 자력으로 대중을 거느려도 보라."

대종사 이어 말씀하시었다.

"**일인**들이 **근자**에는 나를 인도의 **간디**에게 비하면서 탄압을 **가중**할 기세라 하니 내가 여기에 오래 머물기 어렵겠노라."

6. 대종사 **근동** 아이들의 노는 것을 보고 계실 때 아이 중에 무슨 시비가 생겨서 서로 다투다가 대종사께 와서 해결하여 주시기를 청하는지라, 대종사 그 이유를 물으신 데 여아 **복균**復均이 고하되 "저 막대기는 원래 제 것인데 저 애가 주워서 자기 것이라고 합니다."라고 하고, 남아 **두은**頭恩은 "이것이 원래 제 것이온데 저 애가 자기 것이라고 달라고 합니다."라고 하며, 옆에 있던 **환두**煥斗를 증인으로 내세우니 환두는 한참 생각하다가 제게 아무 이해관계가 없는 일이라 "저는 잘 모릅니다."라고 회피해 버리는지라, 대종사 그 일을 해결하여 주신 뒤에 인

신봉信奉 사상·학설·사람·교리 따위를 믿고 받듦.
일인日人 일본인.
근자近者 요 얼마 되는 동안.
간디 267p 인물 주석 참조.
가중加重 부담이나 고통 따위를 더 크게 하거나 어려운 상태를 심해지게 함.
근동近洞 가까운 이웃 동네.
복균復均 273p 인물 주석 참조.
두은頭恩 271p 인물 주석 참조.
환두煥斗 283p 인물 주석 참조.

하여 제자들에게 말씀하시었다.

"저 어린 것들도 저에게 직접 이해가 있는 일에는 서로 다투고 힘을 쓰나 저에게 이해가 없는 일에는 별로 힘을 쓰지 아니하나니, 자기의 이해를 떠나 남을 위하여 일하는 사람이 어찌 많을 수 있으리오. 그러므로 자기의 **이욕**이나 권세를 떠나 대중을 위하여 일하는 사람은 대중이 숭배해야 할 가치가 있는 사람이며, 또한 마음이 투철하게 열린 사람은 대중을 위하여 일하지 아니할 수 없는 것이니라."

7. 한 제자가 대종사께 여쭈었다.

"대종사의 법맥은 어느 부처님께 대오리까."

대종사 말씀하시었다.

"한 판이 바뀌는 때이나 **석가세존**이 **본사**가 되느니라."

8. 대종사 **변산** 이춘풍李春風의 집에 **유련**하실 때 춘풍의 아내 **삼리화三離火**가 **조석공양**을 성심으로써 받들거늘 대종사 말씀하시었다.

이욕利慾 사사로운 이익을 탐내는 욕심.
석가세존釋迦世尊 석가모니(샤카족의 성자)와 세존(신성한, 성스러운, 존귀한)을 병합하여 석가모니불을 높여 부르는 말.
본사本師 본래 근본이 되는 스승.
변산邊山 전라북도 부안군 변산면에 위치한 산. 여기에서 변산은 부안군 보안면 신복리 변산 초입을 말함.
이춘풍李春風 280p 인물 주석 참조.
유련留連 객지에 묵고 있음.
삼리화三離火 273p 인물 주석 참조.
조석공양朝夕供養 아침저녁으로 웃어른께 음식을 대접함.

"나는 본래부터 여러 가지 반찬을 놓고 먹지 못하였을뿐더러 **도가**에서는 **본시 담박**을 주장하나니 이후에는 이와 같이 여러 가지 반찬 놓는 것을 폐지하고 오직 한두 가지에 그침이 가하니라. 세상 사람들은 **분외**의 의식주를 취하다가 스스로 **패가망신**을 하는 자 많으며 설사 재산이 있더라도 사치를 일삼은 즉 결국은 삿된 마음이 **왕성**하여 수도하는 정신을 방해하나니, 그러므로 음식에는 항상 담박**질소**를 주장하라."

9. 대종사 말씀하시었다.

"내 뜻을 알지 못하는 자는 내 회상에 있으면서도 묵은 생각을 버리지 못하여 혹은 공부를 하려면 고요한 산중에 들어가서 훤하게 터 버려야 한다고 생각하는 자, 혹은 특별한 **신통**을 얻어서 **이산도수**와 **호풍환우**를 마음대로 하여야 큰 인물이 되지 보통 인간 도덕으로는 별 **우월**할 것이 있느냐고 생각하는 자, 혹은 **경전 강연 회화**도 다 쓸데없

도가道家 도덕을 가르치고 베푸는 종교가.
본시本是 본디(본래). 처음부터 또는 근본부터.
담박淡泊 욕심이 없고 순박함.
분외分外 제 분수 이상.
패가망신敗家亡身 집안의 재산을 다 써 없애고 신세를 망침.
왕성旺盛 매우 활발하게 이루어짐.
질소質素 꾸밈이 없고 수수함.
신통神通 모든 일에 헤아릴 수 없이 신기하게 통달하는 것. 신은 헤아릴 수 없음, 통은 막히고 걸림이 없음.
이산도수移山渡水 산을 옮기고 물을 건넘.
호풍환우呼風喚雨 요술로 바람과 비를 불러일으킴.
우월優越 다른 것보다 나음.
경전經典 종교 교단에서 그 종교의 중심적 교리를 설명하여 기록한 책.

고 그저 염불 좌선만 하여야 **정력**을 얻는다고 생각하는 자, 혹은 아무 것도 않고 좌선만 하다가 병이 들어 죽게 되니까 그때에는 운동을 시작하여서 효력을 본 후로는 또 운동이 제일이라고 생각하는 자 등, 이와 같이 저의 **사견**에 **집착**하는 자는 나를 만났지마는 나의 얼굴도 보지 못한 자인 것이다."

10. **민자연화**閔自然華는 매년 생일이 되면 좋은 음식을 차려 놓고 반드시 대종사 계신 곳을 향하여 **심고**를 올리었다. 그 자손들이 말하였다.

"불법연구회는 일체 미신을 타파한 종교인데 **조모**님은 도로 옛 미신을 지키십니까."

자연화 말하였다.

"자녀로서 그 부모를 **사모**하는 정성이나 제자로서 그 스승을 사모하는 정성이 무엇이 다르랴. 내가 지금 올리는 음식은 대종사께서 안 잡수실 줄은 알지마는 제자 된 도리로서 정성을 표하는 것이다."

후일에 대종사 들으시고 말씀하시었다.

강연講演 일정한 주제에 대하여 청중 앞에서 강의 형식으로 말함.
회화會話 서로 만나서 이야기를 나눔. 원불교 정기훈련 11과목 중 하나로 각자가 보고 듣는 가운데 자유롭게 발표하게 하는 방법.
정력定力 정신수양 공부로 얻게 되는 마음의 힘. 어떠한 상황에도 흔들리지 않는 힘.
사견私見 자기 개인의 생각이나 의견.
집착執着 어떤 것에 늘 마음이 쏠려 잊지 못하고 매달림.
민자연화閔自然華 271p 인물 주석 참조.
심고心告 마음속으로 기원하는 것.
조모祖母 아버지의 어머니.
사모思慕 마음에 두고 애틋하게 생각하며 그리워함.

"자연화는 자녀 **교양**하는 도가 있도다. 과연 부모는 자녀들이 보고 나가는 거울이 되나니 어찌 몸 한번 행동하고 말 한번 한 것 일지라도 **심상히** 할 수 있으랴."

11. 대종사 말씀하시었다.

"시장에서 장사하는 것을 보아도 **어물상**은 어물을 상대로 **포목상**은 포목을 상대로 **유**를 짓는 것같이 모든 사람의 **종유**從遊하는 것도 바른 사람은 바른 사람대로 삿된 사람은 삿된 사람대로 유를 짓나니 그 벗을 보아서 그 사람을 알 수 있는 것이다. 그러나 혹 바른 사람으로서 삿된 사람을 제도하기 위하여 유를 짓는 수도 있으며 혹은 삿된 사람이 바른 것을 배우기 위하여 유를 짓는 수도 있는 것이다."

12. 대종사 말씀하시었다.

"죄 가운데는 남의 친절한 사이를 **이간**하는 것이 무서운 **죄업**이며 그 중에서도 이러한 회상과 **정의**를 성글게 하여 그 사람의 **영생사**를 어긋

교양教養 가르치어 기름.
심상히尋常- 대수롭지 않고 예사롭게.
어물상魚物商 생선 또는 생선을 가공하여 말린 것을 파는 장사 또는 가게.
포목상布木商 베나 무명 따위의 옷감을 파는 장사. 또는 그런 장수.
유류類 무리.
종유從遊 좇아 더불어 사귀고 노닒.
이간離間 두 사람이나 나라 따위의 사이를 헐뜯어 서로 멀어지게 함.
죄업罪業 악행을 통해 악한 과보를 받을 업.
정의情意 따뜻한 마음과 참된 의사.
영생사永生事 영원한 세상의 일, 세세생생의 일.

나게 하는 것이 더욱 무서운 죄업이 되는 것이다. **영광** 어느 교도 가정에서는 부부가 서로 재미있게 교당에 **내왕**하며 신앙생활을 하다가 그 처가 우연히 한 교도와 정이 섞이게 되면서 **교중**과 발을 끊으며 그 남편에게도 각 방면으로 신성을 타락케 하여 마침내 교중과 인연이 멀어지게 하더니, 그 후 오래지 아니하여 그 남편은 **주색잡기** 등으로 **소일**을 하고 그의 처에게 매질까지 하게 되어 일시에 **패가**까지 되는 것을 보았노니 이것이 현재에 그 **과보**를 받는 **일례**가 되는 것이다."

13. 대종사 말씀하시었다.

"**신**信은 일체 **선근종자**와 **불종자**를 심는 밭이 되며 그를 길러주는 거름이 되므로 경에도 '신은 도의 근원이 되고 **공덕**의 **어미**가 된다'고 하신 것이다."

영광靈光 전라남도 북서쪽에 있는 군.
내왕來往 오고 감.
교중敎中 원불교 교단. 여기에서는 교당을 이름함.
주색잡기酒色雜技 술과 여자와 노름.
소일消日 하는 일 없이 세월을 보냄.
패가敗家 재산을 다 써 버려 집안을 망침.
과보果報 지은 바(원인)에 따라 받게 되는 결과. 인과응보의 준말.
일례一例 하나의 보기. 또는 한 가지 실례.
선근종자善根種子 좋은 과보를 받을 만한 좋은 종자.
불종자佛種子 장차 부처가 될 소질의 종자.
공덕功德 공로와 인덕(仁德). 악을 제거하는 것을 공(功), 선이 가득한 것을 덕(德).
어미 '어머니'의 낮춤말.

14. 이완철李完喆이 여쭈었다.

"관혼상제의 모든 의식을 다 절약 위주로 함이 가하오리까."

대종사 말씀하시었다.

"모든 예식에 과도한 낭비는 삼갈 것이나, **공익사업**에 **헌공**하는 바도 없이 한갓 인색한 마음으로 절약만 하는 것은 **혁신예법**의 본의가 아니며, 또한 같은 절약 가운데도 혼례는 새 생활의 시작이니 절약을 주로 하여 생활의 근거를 세워 줌이 더욱 옳을 것이요, 장례는 일생의 마침이니 열반인의 공덕에 비추어 **후인**의 도리가 소홀함이 없게 하는 것이 또한 옳으니라."

15. 이만갑李萬甲이 수십 년간 독실한 신信을 바치고 특히 선禪 공부에 전력하더니 차차 정신이 맑아져서 손님의 내왕할 것과 비 오고 그칠 것을 미리 아는지라, 대종사 말씀하시었다.

"그는 수행 도중에 혹 반딧불같이 나타나는 **허령**虛靈에 불과하나니 그대는 정신을 차려 그 마음을 제거하라. 만일 그것에 낙을 붙이면 큰

이완철李完喆 279p 인물 주석 참조.
관혼상제冠婚喪祭 관례·혼례·상례·제례의 총칭. 관례는 머리에 갓을 써서 어른이 되는 의식, 혼례는 혼인하는 예법, 상례는 상중(喪中)에 행하는 예법, 제례는 제사지내는 예법.
공익사업公益事業 전체 대중에게 유익되게 하는 사업.
헌공獻供 금전이나 물품을 바치는 행위.
혁신예법革新禮法 원기11(1926)년, 당시 번거로운 예법을 새롭게 제정한 의례[新定儀禮].
후인後人 뒤에 오는 세대나 시대의 사람.
이만갑李萬甲 278p 인물 주석 참조.
허령虛靈 자기가 생각하지 않아도 간헐적으로 미래와 천기(天機)의 변화에 대한 예측, 통찰력 있는 식견 등이 솟아오르는 신령스러운 앎. 일시적으로 일어나는 환상과 같은 것.

진리를 깨닫지 못할 뿐 아니라 **사도**邪道에 떨어져서 **아수라**의 유가 되기 쉽나니 어찌 정법 **문하**에 그런 것을 용납하리오."

16. 유혜설柳慧說이 교중 **채포**를 맡아 가꿀 새 많은 굼벵이를 잡게 된지라 이를 말리어 약방에 파니 적지 않은 돈이 되거늘 당시 **감원**이 그 경과를 대종사에게 사뢰며 "이것은 작업 중의 **가외** 수입이옵고 그가 마침 옷이 없사오니 그 돈으로 옷을 한 벌 지어 주면 어떠하오니까?"라고 하니, 대종사 말씀하시었다.

"그것이 비록 가외 수입이나 공중 일을 하는 중에 수입된 것이니, **공중**에 들여놓음이 당연한 일이며, 또는 비록 연고 없이 한 것은 아니지마는 수많은 생명을 죽인 돈으로 그 사람의 옷을 지어 입힌다면 그 과보를 또한 어찌하리오."

그 후 대종사 옷 한 벌을 친히 내리시며 말씀하시었다.

"그 돈은 여러 사람이 널리 혜택을 입을 **유표**한 공익사업에 활용하여 그에게 죄가 되지 않게 하라."

사도邪道 올바르지 못한 길이나 사악한 도리.
아수라阿修羅 교만심과 시기 질투심이 강한 사람이 태어나게 되는 악귀의 세계.
문하門下 가르침을 받는 스승의 아래.
유혜설柳慧說 277p 인물 주석 참조.
채포菜圃 규모가 큰 채소밭.
감원監院 익산총부의 식당 운영 관리 책임을 가진 여자 감원을 내감원, 구내의 관리 청소 연료 등의 책임을 가진 남자 감원을 외감원이라 함.
가외加外 일정한 기준이나 정도의 밖.
공중公衆 사회의 대부분의 사람들.
유표有表 여럿 가운데 두드러진 특징이 있음.

17. 김중묵金中默이 교중 **과원**을 맡으매 매양 소독 **제충** 등으로 수많은 살생을 하게 되는지라 마음에 불안하여 그 사유를 대종사께 사뢰니, 대종사 말씀하시었다.

"과보는 조금도 두려워 말고 사심 없이 **공사**에만 전력하라. 그러하면, 과보가 네게 돌아오지 아니하리라. 그러나 만일 이 일을 하는 가운데 조금이라도 **사리**私利를 취함이 있다면 그 과보를 또한 면하지 못할 것이니 각별히 조심하라."

18. 대종사 이성신李聖信, 유장순柳壯順에게 일러주시었다.

"우리들의 일이 마치 저 기러기 떼의 일과 같으니 시절 인연을 따라 인연 있는 동지가 혹은 동에 혹은 서에 교화의 판을 벌이는 것이 저 기러기들이 철을 따라 떼를 지어 혹은 남에 혹은 북에 깃들일 곳을 벌이는 것과 같도다. 그러나 기러기가 두목 기러기의 인솔하는 대열에서 벗어난든지 또는 따라가면서도 조심을 하지 못하고 보면 그물에 걸리거나 총알에 맞아 목숨을 상하기 쉽나니, 수도하고 교화하는 사람들에게 그물과 총알이 되는 것은 곧 **재와 색**의 경계니라."

김중묵金中默 269p 인물 주석 참조.
과원果園 과수원.
제충除蟲 약품 따위로 해충이나 기생충 따위를 없앰.
공사公事 공공에 관계되는 일. 원불교 교단에서 진행하는 일의 총칭.
사리私利 사사로운 이익.
이성신李聖信 279p 인물 주석 참조.
유장순柳壯順 277p 인물 주석 참조.
재와 색財-色 재물과 여색(女色).

19. 정양선丁良善, 양도신梁道信이 처음 **지방** 교무로 부임할 때에 대종사 말씀하시었다.

"내 그동안 너희들을 다른 사람같이 특별히 잘 챙겨주지 못하고 그대로 둔 감이 있는데 혹 섭섭한 마음이나 없었느냐. 대개 토질이 나쁘고 잡초가 많은 밭에는 사람의 손이 자주 가야만 곡식을 많이 거둘 수 있으나, 그렇지 아니한 밭에는 큰 수고를 들이지 아니하여도 수확을 얻기가 어렵지 아니한 것같이 사람도 자주 불러서 타일러야 할 사람도 있고, 몇 번 타이르지 아니하여도 좋을 사람이 있어서 그러한 것이니 행여 섭섭한 마음을 두지 말라."

20. 김남천金南天이 교중의 지붕을 일새 **나래**만 두르고 **새끼**는 두르지 아니하거늘 대종사 말씀하시었다.

"밤사이라도 혹 바람이 불면 그 이어 놓은 것이 **허사**가 아닌가."

남천이 "이 지방은 바람이 심하지 아니하옵니다."라고 하며 그대로 두었다. 그날 밤에 때아닌 바람이 일어나 지붕이 다 걷혀 버린지라, 남천이 **송구**하여 어찌할 바를 알지 못하며 "대종사께서는 신통으로 미리

정양선丁良善 281p 인물 주석 참조.
양도신梁道信 276p 인물 주석 참조.
지방교무地方敎務 원불교 중앙총부 이외의 지역에 있는 교당에서 근무하는 교무.
김남천金南天 268p 인물 주석 참조.
나래 '이엉(초가집의 지붕이나 담을 이기 위하여 짚이나 새 따위로 엮은 물건)'의 방언.
새끼 짚으로 꼬아 줄처럼 만든 것.
허사虛事 헛일.
송구悚懼 두려워서 마음이 거북스러움. '미안', '죄송'으로 순화.

보시고 가르쳐 주신 것을 이 어리석은 것이 명을 어기어 이리되었나이다."라고 하거늘, 대종사 말씀하시었다.

"이번 일에는 그 든든하고 떳떳한 길을 가르쳐 주었건마는 그대가 듣지 아니하더니, 이제는 도리어 나를 **신기**한 사람으로 돌리니 그 허물이 또한 크도다. 그대가 나를 그렇게 생각한다면 그대는 앞으로 나에게 **대도정법**은 배우지 아니하고 신기한 일만 엿볼 터인즉, 그 앞길이 어찌 위태하지 아니하리오. 그대는 곧 그 생각을 바로잡고 앞으로는 매사를 오직 든든하고 떳떳한 길로만 밟아 행하라."

21. 이희춘李熙春이 부부간에 **불화**하여, **내생**에는 또다시 인연 있는 사이가 되지 아니하리라 하며 늘 그 남편을 미워하거늘, 대종사 말씀하시었다.

"그 남편과 다시 인연을 맺지 아니하려면 미워하는 마음도 사랑하는 마음도 다 두지 말고 오직 **무심**으로 대하라."

22. **성성원**成聖願이 대종사께 여쭈었다.

신기神奇 신비롭고 기이함.
대도정법大道正法 크고 원만하고 바른 가르침.
이희춘李熙春 『대종경』 인과품 11장에 등장하는 인물.
불화不和 서로 관계가 좋지 아니하거나 좋지 않게 지냄.
내생來生 한 번 죽은 후에 다시 태어나는 세상. 후생 또는 내세.
무심無心 텅 비고 고요한 마음. 분별 주착을 벗어나 초연한 마음.
성성원成聖願 274p 인물 주석 참조.

"저도 **전무출신**들과 같이 깨끗이 **재계**하옵고 기도를 올리고 싶사오나 가정에 매이어 제 자유가 없는 몸이므로 그 뜻을 이루지 못하오니 어찌하면 좋겠나이까."

대종사 말씀하시었다.

"마음 재계하는 것은 출가재가가 다를 것이 없나니, 그대의 마음만 깨끗이 재계하고 정성껏 기도를 올리라. 그러하면, 그 정성에 따라 그만한 위력을 얻는 것이 아무 차별이 없으리라."

23. 대종사 말씀하시었다.

"사심 없는 염불 한 번에 **좁쌀**만큼씩 **영단**靈丹이 커진다. 한 동네 한 면 한 나라 전 세계를 다 비출 수 있는 영단을 길러라. 성현의 영단은 동서고금과 **삼세**를 다 비추는 영단이다."

24. 대종사 말씀하시었다.

"**견성**을 하여도 그 **성품**자리를 떡 주무르듯 능숙하게 되기 전에는 인과의 원리를 투철히 알기가 어려운 것이다."

전무출신專務出身 원불교 출가교도로서 심신을 오로지 교단과 사회의 발전을 위해서 헌신 봉공하는 사람.
재계齋戒 몸과 마음을 깨끗이 하고 부정(不淨)한 일을 멀리 하는 것.
좁쌀 조의 열매를 찧은 쌀. 여기에서는 작은 것을 비유적으로 이르는 말.
영단靈丹 깊은 수양으로 얻어진 신령스러운 마음의 힘. 심단(心丹)과 같은 말.
삼세三世 과거와 현재와 미래, 또는 전세(前世)와 현세(現世)와 내세(來世).
견성見性 성품을 본다는 의미 또는 도를 깨닫는다는 말로 오도(悟道)라고도 함.
성품性稟 본래 마음. 본성(本性), 곧 태어나면서부터 본래적으로 지닌 성질.

원기25년, 소태산 대종사 국민복 정장을 입고 서울에서

교단수난장
教團受難章

21

교단수난장(敎團受難章)
교단과 대종사에 대한 일제의 탄압과 대종사 열반 후까지도 일제가 경계한 내용이다.

1. 일제가 우리 교단을 간섭한 최초의 고난은 **영산**에서부터 시작되었다. **방언공사**를 하자 그들은 자금의 출처와 **인부**들의 노임문제로부터 시작하여 "너희들은 **사가**私家를 불고하고 이런 일을 하니 공산주의자들이 아니냐."라고 따졌고, **박천자**朴天子의 꿈을 꾸는 무리라 하며 **9인 제자**들은 **9판서**를 시키려 한다고 트집을 잡고 **정산 종사**가 지나가면 "**영의정** 간다."라고 하면서 대종사를 여러 날 동안 **심문**하였다.

2. 그때는 **기미년 독립운동** 때인 만큼 **관**의 **이목**이 매우 날카로웠다. 특히 일제는 한국 내에 도인道人이 출현하는 것을 두려워하였다. 그 이

일제日帝 '일본 제국주의'의 준말.
영산靈山 원불교의 발생지인 전라남도 영광군 백수읍 길룡리 일대.
방언공사防堰工事 원기3(1918)년부터 1년간 대종사와 제자들이 전라남도 영광군 백수면 길룡리 앞 해안 갯벌을 막아 농토를 만든 일.
인부人夫 품삯을 받고 육체노동을 하는 사람.
사가私家 개인이 살림하는 집.
박천자朴天子 박(朴)씨 성을 가진 천자(왕). 여기에서는 대종사를 지칭함.
9인 제자九人弟子 대종사의 첫 표준제자 아홉 사람. 일산 이재철, 이산 이순순, 삼산 김기천, 사산 오창건, 오산 박세철, 육산 박동국, 칠산 유건, 팔산 김광선, 정산 송규.
판서判書 조선 시대, 육조(六曹)의 으뜸 벼슬.
정산 종사鼎山宗師 281p 인물 주석 참조.
영의정領議政 조선 시대, 의정부의 으뜸 벼슬.
심문審問 조사하기 위하여 자세히 따져 물음.
기미년己未年 육십갑자의 쉰여섯 번째 해. 서기 1919년.
독립운동 여기에서는 1919년 3월 1일에 일제의 강압적인 식민지 정책에 항거하여 일어난 만세운동을 지칭함.
관官 정부나 관청 따위.
이목耳目 남들의 주의나 시선.

유는 일제의 **억압**에 항거하는 민중들이 『**정감록**』 등에 예시된 초능력의 도인이 출세하여 일제를 몰아내고 **국권**을 회복한다는 믿음을 갖고 있었기 때문이었다. 그래서 일제의 경찰들은 전국에 특별 지시를 내려 도인이나 산중에 숨은 독립운동가를 보면 즉각 신고하도록 하였다. 특히 불교계에서 도인이 나올까 봐 **사찰**에 대한 주의가 심하였다.

3. 원기4년 **법인성사**를 마치고 대종사는 김제 **금산사**에서 1개월여 동안 휴양하시게 되었다. 금산사는 당시 그들의 **안목**에서는 **사교**의 **집합체**였다. 그것은 **강증산** 선생이 열반 시에 "내가 죽으면 금산사 **육장불** 六丈佛에 의지하여 **미륵불**로 **출세**하리라."고 한 예언 때문이었다.

대종사는 이곳에서 짚신을 삼으면서 수양에 전념하시던 중 강증산 교인들 몇 사람과 친분을 맺으니 이들이 곧 김제 인연들이었다. 훗날

억압抑壓 자기의 뜻대로 자유로이 행동하지 못하도록 억지로 억누름.
정감록鄭鑑錄 조선 중기 이후 민간에 널리 유포된 우리나라의 대표적인 예언서.
국권國權 주권과 통치권.
사찰寺刹 절.
법인성사法認聖事 원불교 초창 당시에 행한 기도에서 백지혈인(白指血印)의 이적이 나타난 일.
금산사金山寺 전라북도 김제시 모악산 남쪽 기슭에 있는 절. 백제 때 창건했고, 신라 혜공왕 때에 진표율사가 중건한 미륵도량.
안목眼目 사물을 보고 분별하는 견식.
사교邪敎 건전하지 못하고 요사스러운 종교.
집합체集合體 많은 것이 모여 이루어진 덩어리.
강증산姜甑山 267p 인물 주석 참조.
육장불六丈佛 금산사 미륵전의 미륵불상을 이름함.
미륵불彌勒佛 석가모니불에 이어 중생을 구제할 미래의 부처.
출세出世 불보살이 중생을 제도하려고 중생의 세계에 나타남.

서중안에 의해 **익산총부**의 **대지**를 마련하게 된 **기연**이 여기서 이루어 지게 된 것이다.

4. 하루는 금산사 스님이 느닷없이 마당 한가운데서 죽었다. 그런데 틀림없이 죽은 그가 대종사께서 이마를 만지시니 도로 살아난 것이다. 이런 **기적**이 일어나자 대종사는 **김제서**에 신고 되어 며칠 **심문**을 받은 적이 있다. 대종사는 이렇듯 수많은 억압과 제재를 받으셨으나 조금도 그들을 싫어하거나 미워하는 바가 없이 **흔연히** 상대하였고 항상 **심복**으로 일제 순경들을 **감화**시켜 나갔다. 그 이후 원기4년 시월에 **봉래산**에 들어가 **실상사** 옆 몇 칸 **초당**에서 **간고**한 살림을 하면서 심신의 휴양에 주력하는 한편 교리를 **초안**하기 시작하였다.

서중안徐中安 274p 인물 주석 참조.
익산총부益山總部 원불교 교단 전체를 통할하는 본부. 총부가 익산에 위치해 있다하여 익산총부라고 함.
대지垈地 집터로서의 땅.
기연機緣 어떤 기회를 통하여 맺어진 인연.
기적奇蹟 상식으로는 생각할 수 없는 기이한 일.
김제서金堤署 전라북도 김제에 있던 경찰서.
심문審問 조사하기 위하여 자세히 따져 물음.
흔연히欣然- 기쁘거나 반가워 기분이 좋게.
심복心腹 필요하여 없어서는 안 될 사람.
순경巡警 경찰 공무원 계급의 하나. 여기에서는 경찰관을 의미함.
감화感化 좋은 영향을 받아 생각이나 감정이 바람직하게 변화함.
봉래산蓬萊山 전라북도 부안 변산을 봉래산이라 일컬음.
실상사實相寺 전라북도 부안 변산 천왕봉 아래에 신라시대 초의선사가 창건한 사찰.
초당草堂 억새나 짚 따위로 지붕을 인 조그마한 집채. 여기에서는 실상초당을 의미함.
간고艱苦 가난하고 고생스러움.
초안草案 초를 잡아 적음. 또는 그런 글발.

5. 우리 **교단**이 일제의 감시를 특별히 받은 것은 원기20(1935)년 2월 **도산 안창호** 선생이 익산총부를 방문하고 대종사와 면담을 한 뒤부터였다.

안도산은 당시 **호남** 일대의 농촌 상황 **시찰**차 **이리**에 도착했다가 **동아일보** 기자의 안내를 받아 익산총부를 방문하게 된 것이다. 그 기자는 **불법연구회**를 최초로 동아일보에 소개하면서 극구 찬양하던 사람이었다. 그러나 대종사와 안도산은 **이리경찰서**에서 감시차 따라온 형사들 때문에 깊은 대화는 나누지 못하고 인사 정도만으로 그쳤다.

6. 총독부는 **태평양전쟁**의 음모를 꾸미고 있어 **조선인들**의 단체는 무조건 해산시키기에 **혈안**이 되었던 터라 **민족주의자** 안도산이 다녀가

교단敎團 같은 종교를 믿는 사람들이 모여 만든 종교 단체.
도산 안창호島山 安昌浩 271p 인물 주석 참조.
호남湖南 '전라남도'와 '전라북도'를 아울러 이르는 말.
시찰視察 두루 돌아다니며 실지(實地)의 사정을 살핌.
이리裡里 전라북도 익산군에 속해 있던 읍의 이름.
동아일보東亞日報 1920년 인촌 김성수에 의해 창간된 일간 신문.
불법연구회佛法硏究會 원기9(1924)년부터 원기33(1948)년까지 사용한 원불교 이전의 명칭.
이리경찰서裡里警察署 전라북도 익산군 이리읍에 있던 경찰서.
총독부總督府 일제가 1910년에서부터 1945년까지 우리나라를 다스리기 위하여 설치하였던 최고 행정 관청. 조선총독부.
태평양전쟁太平洋戰爭 1941부터 1945년까지 벌어진 연합국과 일제와의 전쟁.
음모陰謀 나쁜 목적으로 몰래 흉악한 일을 꾸밈. 또는 그런 꾀.
조선인朝鮮人 일제 강점기에 우리나라 사람을 이르던 말.
혈안血眼 기를 쓰고 달려들어 독이 오른 눈.
민족주의자民族主義者 민족의 독자성이나 우월성을 주장하는 사상을 따르는 사람.

자 그동안 온순하고 별로 일본에 대한 **항거**의 사건이 없었던 불법연구회도 일제의 감시를 받기 시작하였다. 그리하여 총부에 **북일주재소**를 설치하고 "안도산이 다녀간 곳이니 **고등계**에서 잘 감시하라."고 명령을 받은 **황 순사**가 파견되었다.

한국인인 황 순사가 같은 민족의 활동을 조사하도록 한 것은 일제의 잔인하고 혹독스런 한 단면이었다. 그러나 후에 황 순사는 입교하여 교단을 수호하는 큰 몫을 하게 되었다.

7. 일제는 **민심**을 **현혹**하는 국내 **유사종교**에 대해 무조건 탄압에 착수하였다. 그들이 유사종교를 무조건 탄압하려는 이유는 대개의 유사종교가 금전문제 아니면 남녀관계로 사회의 물의를 일으키고 있는 형편이었기 때문에 **일조일석**에 탄압이 진행되어 불법연구회 하나만 남게 된 실정이었다. 이에 **일경**은 황 순사를 파견하여 불법연구회 마저 문을 닫게 하려 하였다. 그러나 대종사는 미리부터 금전이나 남녀문제에

항거抗拒 순종하지 아니하고 맞서서 반항함.
북일주재소北一駐在所 원기21(1936)년, 북일면과 불법연구회를 감시하기 위하여 익산총부 구내에 설치한 이리경찰서 소속 주재소.
고등계高等係 일제 강점기에, 한국인의 독립운동 및 정치적·사상적 동향을 감시하고 탄압하는 일을 맡아보던 경찰 부서.
황 순사黃巡査 283p 인물 주석 참조.
민심民心 백성의 마음.
현혹眩惑 마음이 흐려지도록 무엇에 홀림.
유사종교類似宗敎 사회적으로 공인(公認)되지 않은 종교. 사교(邪敎)와 같은 의미.
일조일석一朝一夕 하루아침이나 하루저녁이라는 뜻으로, 짧은 시일을 이르는 말.
일경日警 일본 제국주의 경찰.

특히 경계하여 둔 바가 있으므로 그것으로는 탄압의 꼬투리가 되지 못했다.

　황 순사는 원기21년 **하선** 때부터 머리를 깎고 **법복**을 입고 대중 속에 끼어 **결제**에서부터 시작하여 대종사의 **동정**을 살피고 불법연구회를 감시하기 시작하였다.

8. 원기22년 느닷없이 형사 3인이 들이닥쳐 간부 임원들의 몸수색과 장부 조사를 하게 되었다. 금고를 열고 장부를 조사해 보니 회원들이 납부한 금액이 고스란히 기재되어 **하등**의 차질이 없었고 오히려 회원이 납입한 금액보다 증액되어 있으며 장부기재가 정확하여 어디 하나 흠잡을 데가 없었다. 그들은 조사를 끝내고 "이렇게 정확한 장부는 처음 본다."라고 하며 "세상사를 다 맡겨도 넉넉히 해 나갈 단체다."라고 **찬탄**하였다.

9. 남녀 문제에서도 대종사는 미리 조심하여 모든 편지는 일일이 검열하였으며 엄격하게 주의시켰다. 남녀가 사무적으로 이야기할 일이 있

하선夏禪 원불교 초기교단 시기 여름에 진행했던 정기훈련.
법복法服 원불교 교복(敎服)의 다른 말로 각종 의식행사를 진행할 때 입는 교단적 예복.
결제結制 원불교에서 동선, 하선, 강습회, 특별훈련 등을 시작하는 일.
동정動靜 사람이 일상적으로 하는 일체의 행위.
하등何等 '아무런', '아무' 또는 '얼마만큼'의 뜻을 나타내는 말.
찬탄讚歎/贊嘆 칭찬하며 감탄함.

으면 반드시 노인의 **입회**하에 이야기할 수 있도록 7, 8인의 입회자를 선정하여 두기도 하였다. 이러한 소문이 밖으로 퍼져 나가 '불법연구회는 남녀가 이야기하여도 꼭 노인을 중간에 모시고 이야기할 만큼 남녀문제나 금전문제에 깨끗한 단체'라는 것이 일반의 평이었다.

10. 원기21년에 **이공주** 집(현 **청하원**)에 북일주재소를 마련한 황 순사는 대종사를 감시하라는 지시를 받고 왔으나 대종사의 **일동일정**이 모두 옳은 일밖에 없으며 하나하나 잘 해 나가고 있다는 생각이 들었다. 그리하여, 대종사에게는 조금도 **불경**스런 태도나 마음을 먹지 않았고 대종사의 인격에 감화되어 '이천(二天)'이라는 **법명**을 받게 되었다.

11. 총부의 재정 형편이 가난하여 식사가 넉넉지 못하매 **황이천**은 밥만 식당에서 가져다 먹었다. 그런데, 얼마 후에 식사대 청구서가 이천 앞으로 나왔다. 이 청구서를 보고 함께 **주재**한 일경 한 명과 이천은 감탄하였다.

입회立會 어떠한 사실이 발생하거나 존재하는 현장에 함께 참석하여 지켜봄.
이공주李共珠 277p 인물 주석 참조.
청하원清河院 구타원 이공주가 출가하여 원기19(1934)년 익산총부 구내에 지은 집. 이공주의 아호를 따 청하원이라 함.
일동일정一動一靜 하나하나의 동정. 또는 모든 동작.
불경不敬 경의를 표해야 할 자리에서 무례함.
법명法名 원불교에 처음 입교하는 교도에게 주는 이름.
황이천黃二天 283p 인물 주석 참조.
주재駐在 직무상으로 파견되어 한곳에 머물러 있음.

12. 원기24년己卯 큰 가뭄 때 적지 않은 큰 사건이 **진안(마령)교당**에서 일어나 교단이 큰 시련을 겪었다. **구산**久山 **송벽조** 교무가 일본 **천황**에게 가뭄에 책임을 지고 물러나라는 편지를 보낸 사건이다. 이 일로 하여 구산은 **옥고**를 치렀고, 대종사는 이리경찰의 **환문**을 받아『대종경』실시품 10장의 법문이 생겼으며, **회가**會歌가 고쳐지고 감시는 더욱 심해졌다.

13. 원기25년庚辰은 일본 **개국** 이천 육백 년 기념의 해였다. **조선총독부**는 조선 내의 불교를 모두 **친일**적인 단체로 만들기 위해 혈안이 되었다. 당시만 하더라도 한국은 **불교국**이었으며 전 한국인은 거의가 불교신도였기 때문에 불교인만 마음먹는 대로 **좌우**할 수 있으면 전 한국인의 단속은 손쉬워지게 되는 것이었다. 총독부는 전국 각 불교단체를

원기24년己卯 1939년, 기묘(己卯)는 육십갑자의 열여섯 번째.
진안(마령)교당 전라북도 진안군 마령면에 위치한 마령교당을 진안읍에 교당이 신설되기 전에는 진안교당이라 함.
구산 송벽조久山 宋碧照 267p 인물 주석 참조.
천황天皇 일본에서, 그들의 임금을 이르는 말.
옥고獄苦 감옥살이를 하는 고생.
환문喚問 소환하여 신문함.
회가會歌 '불법연구회 회가'의 줄임 말. 현재 원불교 성가 120장. 현재의 원불교 교가로 발전함.
원기25년庚辰 1940년, 경진(庚辰)은 육십갑자의 열일곱 번째.
개국開國 나라를 새로 세움.
조선총독부朝鮮總督府 앞의 6절 총독부 참조.
친일親日 일제 강점기에, 일제와 야합하여 그들의 침략·약탈 정책을 지지·옹호하여 추종함.
불교국佛敎國 불교를 믿는 나라.
좌우左右 좌지우지(左之右之)란 말로 이리저리 제 마음대로 다루거나 휘두름.

황도불교화皇道佛敎化 하려는 계획을 세우고 강력히 진행하였다. 불법연구회도 예외는 아니었다. 그들의 명분은 불법연구회는 말로만 우리에게 복종하며 지도에 잘 따르겠다고만 하고 실제로 그럴만한 실적이 없으니 이번에 대종사를 일본에 방문케 하여 천황을 **알현**하고 **신사참배**도 하도록 **종용**하였다.

14. **경무국장**이 불법연구회를 다녀간 후 대종사께 일본을 방문토록 지시가 내려왔다. 조선총독부의 지시는 피할 도리가 없는 것이었다. 그러나 대종사는 일본에 가는 것이 마음에 걸렸다. 가서도 안 될 일이나 가지 않겠다고 거부하면 조선총독부의 지시를 어기는 것이 되어 그 다음에 오는 결과는 뻔한 것이었다. 대종사는 **짐짓** 일본에 갈 준비를 시작하였다. **박창기**가 지어 올린 **국민복**으로 준비하였다. 마치 일본 경찰관 같은 **국방색** 복장이었다. **박장식**이 먼저 부산에 내려가 대종사

황도불교화皇道佛敎化 일제 강점기 시대 때 우리나라의 불교를 일제의 불교에 예속시키고, 일제의 침략정책에 이용하려던 불교정책.
알현謁見 지체가 높고 귀한 사람을 찾아가 뵘.
신사참배神社參拜 일제 강점기에 일제가 곳곳에 신사를 세우고 참배할 것을 강요하던 일.
종용慫慂 잘 설득하고 달래어 권함.
경무국장警務局長 일제 강점기에 조선총독부에 속하여 경찰 사무를 맡아보던 관청의 책임자. 오늘날의 경찰청장.
짐짓 마음으로는 그렇지 않으나 일부러 그렇게.
박창기朴昌基 273p 인물 주석 참조.
국민복國民服 일제 강점기에 온 국민이 입도록 제정하여 권장하던 옷.
국방색國防色 육군의 군복 빛깔과 같은 카키색이나 어두운 녹갈색.
박장식朴將植 273p 인물 주석 참조.

의 **도일**을 준비하였고, 뒤이어 박창기를 데리고 부산 **초량교당**에 들렀다. 대종사는 다시 **부민동**으로 옮겨서 안과에 다니며 **안질** 치료를 하면서 **차일피일** 날짜를 미루어 오고 있었다. 얼마 후 **전음광**이 내려와 "일본 방문은 안 하셔도 될 것 같습니다."라고 전달하였다. 그렇게 **성화**같이 요구하던 일본 방문을 그들 스스로 취소하게 된 것이다. 참으로 신기한 일이었다. 그다음 해에 태평양전쟁이 발발하였다.

15. 원기26년, 태평양전쟁이 발발하여 전국이 소란한 중에 조선총독부는 불법연구회를 이 기회에 해산시키느냐 아니면 앞잡이로 이용하느냐를 두고 논란을 하다가 결국 황도불교화하여 이용하기로 결정하고 불같은 지시를 하였다. 대종사는 이를 끝내 미루어 오다가 해방 2년을 앞두고 결국 **열반**의 길을 택하시고 말았다.

　대종사 열반하시자 일제는 더 이상 신경 쓰지 않으려 하였다. 그들은 대종사가 열반하였으니 제자들의 **종권** 다툼으로 인하여 불법연구

도일渡日　일본으로 건너감.
초량교당草梁敎堂　부산시 동구 초량동에 위치한 교당.
부민동富民洞　부산시 서구의 행정동의 하나. 여기에서는 남부민동에 설립되었던 남부민교당을 이름함. 오늘날 부산교당의 전신.
안질眼疾　'눈병'을 전문적으로 이르는 말.
차일피일此日彼日　이날저날 하고 자꾸 기한을 미루는 모양.
전음광全飮光　281p 인물 주석 참조.
성화成火　매우 귀찮게 졸라 댐.
열반涅槃　불도를 완전하게 이루어 일체의 번뇌를 해탈한 경지. 여기에서는 삶을 다하여 목숨을 마친다는 것을 의미.
종권宗權　종교상의 권위나 권한. 여기에서는 종법사의 지위를 뜻함.

회는 자동적으로 분열되어 **지리멸렬**할 것이라고 짐작하고 내버려 두기로 한 것이다.

16. 그러나 **정산**이 **종법사** 위에 오른 뒤에도 그들이 예상하는 결과는 나타나지 않았다. 그들은 안달이 나서 황도불교화운동을 다시 강요하였다. 정산은 이를 미루어 오다가 막바지에 이르러 부산으로 출장을 핑계 삼아 피신하여 버렸다. 책임자가 없으니 총부에 있는 사람들을 들볶아 댔으나 잘 될 리가 없었다. 총부에 있던 제자들은 종법사의 **부재중**임을 이유로 미루었다. 그러다가 정산이 부산에서 몇 달 지체하는 동안 **해방**을 맞이하게 된 것이다. 그때 만약에 단 하루라도 황도불교의 간판을 걸었더라면 해방을 맞은 민중들에 의해 **타도**되고 말았을 것이었다.

17. 우리 교단이 **일제하**에서 **존폐**의 어려운 고비를 맞았을 때 우리 교단을 측면에서 도와준 사람들이 있었다. 한국 **불교시보사** 사장이었던

지리멸렬支離滅裂 이리저리 흩어지고 찢기어 갈피를 잡을 수 없음.
정산鼎山 281p 인물 주석 참조.
종법사宗法師 원불교 교단의 최고 지도자, 또는 그에 대한 호칭.
부재중不在中 자기 집이나 직장 따위에 있지 아니한 동안.
해방解放 1945년 8월 15일에 우리나라가 일본 제국주의의 강점에서 벗어난 일.
타도打倒 어떤 대상이나 세력을 쳐서 거꾸러뜨림.
일제하日帝下 일본 제국주의 강점 아래.
존폐存廢 존속과 폐지.
불교시보사佛教時報社 일제의 강점 말기에 존립한 불교 언론 기관. 월간 신문인 「불교시보」를 발행함.

김태흡 스님, 일본 조동종의 상야 스님(박문사 주지), 임제종의 중촌건태랑 씨, 이리경찰서 하촌 서장 등이다. 김태흡 스님은 『불교정전』의 인쇄를 맡아 주어 드디어 우리 회상의 최초 교서 결집인 『불교정전』을 원기28년 8월에 출판되게 하였다. 그러나 참으로 애석하게도 대종사는 **정전**正典 출판 2개월을 앞두고 열반에 드시었으니 제자들의 **비감**은 이루 형언할 수 없었다. 대종사는 가시고 대종사의 말씀만 한 권의 책이 되어 제자들의 손에 남게 되었다.

18. 대종사께서 열반하시자 김태흡 스님은 **자진**해서 **초종장례**를 **주례**하기도 하였다. 나중에 『불교정전』이 출판되자 전라북도경찰서에서 자기네들이 허락도 해주지 않은 책이 직접 총독부를 상대로 출판되어

김태흡金泰洽 270p 인물 주석 참조.
일본 소통퐁日本曹洞宗 중국의 조동종에서 유래한 도겐(道元)을 종조(宗祖)로 하는 일본의 불교 종파.
상야上野 274p 인물 주석 참조.
박문사博文寺 일제 강점기에 서울 중구 장충단공원 동쪽 신라호텔 자리에 있던 일본 조동종 사찰.
임제종臨濟宗 임제의현이 창시한 중국 선종 오가(五家)의 하나가 일본으로 전파되어 성립됨.
중촌건태랑中村健太郎 282p 인물 주석 참조.
하촌河村 282p 인물 주석 참조.
불교정전佛敎正典 원기28(1943)년 발행한 원불교 초기교서의 집대성판. 현재의 『원불교교전』이 발행되기 이전까지 원불교의 소의경전. 『불교정전』은 서울 예지동 인쇄소 수영사에서 인쇄하여 원기 28(1943)년 3월 20일에 불교시보사에서 간행하였다. 그리하여 그해 8월, 원불교 익산총부에 도착하였다.
애석哀惜 슬프고 아까움.
정전正典 『불교정전』을 뜻함.
비감悲感 슬픈 느낌. 또는 그런 느낌이 있음.
자진自進 남이 시키는 것을 기다리지 아니하고 스스로 나섬.
초종장례初終葬禮 초상이 난 때로부터 삼우제를 지낼 때까지의 기간.
주례主禮 예식을 맡아 주장하여 진행하는 일.

나오자 그들의 비위가 상하게 되었다. 결국, 김태흡 스님은 경찰서에 불려가 **시말서**를 쓰고 풀려나오는 고생을 겪으면서까지 일제 말기에 우리 교단을 도와준 고마운 스님이었다.

19. 대종사는 열반 몇 년 전부터 미래 세상에 대한 말씀과 열반에 대한 **암시**를 종종 하셨다. 한 번은 황이천 더러 "앞으로 좋은 세상 온다."라고 하셨다. 그러나 이천은 믿어지지 않아 '그것을 어떻게 아십니까.'라고 반문하였다. 대종사는 "내가 수만 년 후의 일도 다 알아. 내가 아는 증거를 대어볼까."라고 하시며 곁에 있던 제자들에게 "너희들은 좋은 세상 보겠다."라는 말씀을 하셨다. 이천이 "대종사님은 못 보십니까."라고 사뢰니 대종사는 "나는 못 보지. 내가 여행을 가야겠다."라는 말씀만 하셨다. 이천과 제자들은 그 뜻을 알 까닭이 없고 더구나 대종사께서 열반을 암시하신다는 생각은 꿈에도 짐작할 수가 없었다. 그런 한편 대종사께서는 정전 **편찬**을 착수하신 것이다.

20. 원기28년 초여름 대종사는 갑자기 **병석**에 드시고 말았다. 급히 **이리병원** 특별실에 입원하여 치료를 받았으나 병세는 급거히 악화하

시말서始末書 잘못을 저지른 사람이 사건의 경위를 자세히 적은 문서.
암시暗示 넌지시 알림. 또는 그 내용.
편찬編纂 여러 종류의 자료를 모아 일정한 체계에 따라 책을 만듦.
병석病席 병자가 앓아 누워있는 자리.
이리병원裡里病院 전라북도 익산군 이리읍 중앙동에 소재했던 문치순이 설립한 양방 병원.

였다. 황이천도 연락을 받고 급히 달려가 보니 병실 앞에 '면회금지. **주치의 백**'이라고 써 붙여 놓았고, **장식·창기** 등이 밖에서 초조히 서성대고 있어 일이 심상치 않음을 느꼈다. 조금 후에 대종사께서 이천을 불러, 들어가 보니 대종사의 모습에는 전혀 병색이 없었고, **서장 회의**에 다녀온 일을 묻기도 하셨다. 이천은 믿어지지 않아서 "**종사님**, 꾀병이지요."라고 하였더니 대종사께서 "허어, 금방 죽을 사람을 보고 꾀병이라네."라고 답하시는 것이 아무래도 거짓말 같아서 인사드리고 이리경찰서로 돌아갔다. 얼마 지나지 않아 경찰서에서 **청천벽력** 같은 대종사의 열반 소식을 듣게 되었다.

21. 김형오는 **사산**四山과 함께 이리병원으로 갔다. 형오는 그 전날 갑자기 지금 대종사님을 뵙지 못하면 영영 뵈올 수 없다는 **예감**이 들어 영광에서 부랴부랴 올라온 것이다. 사산이 먼저 인사드린 후 들어가지 말라는 것을 마다하고 들어가 뵈었다. 대종사는 의자에 앉아 계셨다. 형오와 몇 말씀 나누다가 그대로 고개를 숙였다. 열반이었다.

주치의主治醫 어떤 사람의 병을 맡아서 치료하는 의사.
장식將植 280p 인물 주석 참조.
창기昌基 282p 인물 주석 참조.
서장회의署長會議 이리경찰서장이 주관하는 회의.
종사宗師 대종사를 당대에는 종사라 칭함.
청천벽력靑天霹靂 푸르게 갠 하늘에서 치는 날벼락이라는 뜻으로, 뜻밖에 일어난 큰 변고나 사건을 비유적으로 이르는 말.
김형오金亨悟 270p 인물 주석 참조.
사산四山 273p 인물 주석 참조.
예감豫感 앞으로 닥쳐올 일을 육감으로 미리 느낌.

22. 그날 오후 총부로 모셔다가 손발톱을 깎고 면도도 하고 **시신**을 청결하게 하였다. 일경은 긴급회의를 열고 '이제 그들은 정산이 종법사에 올라도 **파벌**로 **자멸**하게 되리라.'고 예측하고 **도경**에 '도토리 키 재보기'라는 보고를 하였다.

23. 제자들은 의논하여 대종사를 유리관에 **안치**하여 **영구보존**하려 하였으나 일경이 허락하지 않았다. **매장**도 안 되며 빨리 **화장**하라는 불 같은 성화였다. 결국, 그들의 성화에 못 이겨 장례 일자도 단축되고 화장으로 정해졌다. 일경은 대종사께서 열반하셨어도 안심하지 못하고 속히 화장할 것을 재촉한 것은 평소 그분의 능력으로 보아 혹시 다시 살아나시는 것이 아니냐고 두려워하였다.

24. 사실 대종사의 열반은 누구 하나 현실로 받아들이지 않았다. 열반이 아니라 **입정**이며 다시 살아나실 것으로 굳게 믿었다. 그래서 그대로 두고 기다려 보자고 할 정도로 시신은 깨끗했고 마치 낮잠 주무시

시신屍身 '송장'을 점잖게 이르는 말.
파벌派閥 개별적인 이해관계에 따라 따로 갈라진 사람의 집단.
자멸自滅 스스로 자신을 망치거나 멸망함.
도경道警 여기에서는 전라북도경찰서를 말함.
안치安置 상(像), 위패, 시신 따위를 잘 모셔 둠.
영구보존永久保存 오랫동안 잘 간수하여 남아 있게 함.
매장埋葬 시체나 유골 따위를 땅속에 묻음.
화장火葬 시체를 불에 살라 장사 지냄.
입정入定 선정(禪定, 일체의 번뇌 망상이 끊어진 본래 마음에 머묾)에 들어가는 것.

는 것과 다를 바 없었다. 6월 1일에 열반에 드셨으니 그때는 꽤 더울 때였으나 대종사의 시신은 **생시**와 조금도 다르지 않았고 오히려 **향내**가 사방을 황홀케 하였다.

25. 일경은 **조문객**도 오지 못하도록 방해하였고 **장의행렬**도 제한하며 민심의 **동요**를 우려하여 갖가지 제한과 간섭으로 장의행렬을 감시하고, 화장터에까지 따라와 화장을 끝까지 확인하였다. 대종사의 **관**이 보통보다 커서 **화구**에 들어가지 않아 관을 뜯게 되었다. 대종사의 시신은 조금도 변하거나 악취가 나지 않고 향내가 났다. 일경들이 옷 속으로 손을 넣어 냄새를 맡아보고 향내가 난다며 감탄하였다. 그리하여 대종사의 **색신**은 한 줌의 재만 남기고 영영 떠나가신 것이다.

생시生時 살아 있는 동안.
향내香- 향기로운 냄새.
조문객弔問客 남의 죽음에 대하여 슬퍼하는 뜻을 드러내어 상주를 위문하러 온 사람.
장의행렬葬儀行列 죽은 사람을 땅에 묻거나 화장하는 장사를 지내는 의식의 행렬.
동요動搖 어떤 체제나 상황 따위가 혼란스럽고 술렁임.
관棺 시체를 담는 궤.
화구火口 불을 때는 아궁이의 아가리.
색신色身 빛깔과 형상이 있어서 눈으로 볼 수 있는 몸. 인간의 육신.

소태산 대종사, 원기28년 2월 류성렬 결혼식장인 익산총부 대각전에서(따옴)

22

최종선외장
最 終 選 外 章

최종선외장(最終選外章)
『대종경』 편찬에 빠진 법문을 『대종경 선외록』으로 엮으며 21장으로 나눈 법문 이외의 내용이다.

1. 대종사 말씀하시었다.

"우리의 한 몸 가운데 **이목구비 수족**이 아무리 영리하지마는 특별한 재주 없이 중심을 지켜 주는 **무심**無心이 우리 몸의 주인이 되고, 한 나라 가운데 **일방**의 재능으로 공을 세운 신하들이 아무리 많다 해도 중심 튼튼하고 **용사**用事에 변덕 없는 **교목세신**喬木世臣들이 그 나라의 **중신**重臣이 되고, 이런 회상에 지혜와 **변재**가 출중한 일방의 도인들도 많이 필요하지마는 오랫동안 변함없이 **평상심**을 지켜 온 **원로대덕**들이 **재생 의세**하는 대 회상의 중심이 되는 것이다."

2. 대종사 서울교당에서 수양방법에 대하여 말씀하시었다.

"**초학자**는 좌선보다는 염불을 많이 하라."

이목구비耳目口鼻 귀·눈·입·코를 아울러 이르는 말. 또는 귀·눈·입·코를 중심으로 한 얼굴의 생김새.
수족手足 손발.
무심無心 텅 비고 고요한 마음.
일방一方 어느 한쪽. 또는 어느 한편.
용사用事 용권(用權, 권세를 부림)과 같은 말.
교목세신喬木世臣 여러 대를 나라의 중요한 위치에 있으면서 편안함과 근심걱정을 나라와 함께 하는 신하.
중신重臣 중요한 관직에 있는 신하.
변재辯才 말을 잘하는 재주.
평상심平常心 평등하고 떳떳한 마음. 차별과 집착이 없이 담담하고 한결같은 마음.
원로대덕元老大德 어떤 분야에 오래 종사하여 나이와 공로가 많고 덕망을 가진 사람.
재생의세濟生醫世 자기 스스로를 먼저 제도하고, 병든 세상을 구제함.
서울교당 원기11(1926)년, 불법연구회를 창립한 후 교단 최초로 서울 동대문구 창신동에 설립된 서울출장소를 이름함. 오늘날 서울교당의 전신.
초학자初學者 학문을 처음으로 배우기 시작한 사람. 또는 도문에 갓 입문한 사람.

이공주 여쭈었다.

"노인은 모르지만 젊은 사람이 어찌 **나무아미타불**을 부르고 있겠나이까."

대종사 말씀하시었다.

"그러면 글귀는 외우겠는가."

공주 사뢰었다.

"글귀야 얼마든지 외울 수 있겠나이다."

대종사 말씀하시었다.

"그렇다면 염불 대신 외울 글귀 하나를 지어줄 것이니 받아쓰라."

대종사 즉석에서 '**거래각도무궁화 보보일체대성경**去來覺道無窮花 步步一切大聖經'이라 하시었다.

함께 있던 **성성원**成聖願이 여쭈었다.

"저도 염불은 남이 부끄러워 못하겠사오니 글귀 하나 지어주소서."

대종사 웃으시며 말씀하시었다.

"그러면 또 받아 써 보라."고 하시고 '**영천영지영보장생 만세멸도상독로**永天永地永保長生 萬歲滅度常獨露'라 하시었다.

이공주李共珠 277p 인물 주석 참조.
나무아미타불南無阿彌陀佛 염불할 때 외우는 글귀로 '아미타 부처님께 귀의한다'는 뜻.
거래각도무궁화去來覺道無窮花 가고 옴(생사 거래 간)에 도를 깨달아 무궁한 꽃 피우고,
보보일체대성경步步一切大聖經 걸음걸음 모두가 크고 성스런 가르침이 되소서.
성성원成聖願 274p 인물 주석 참조.
영천영지영보장생永天永地永保長生 영원한 하늘과 영원한 땅에 영원히 생명을 누리시고,
만세멸도상독로萬歲滅度常獨露 한량없는 세월에 열반을 얻어 항상 홀로 드러나소서.

그 후 몇 해를 지나 그 글귀를 **성주**聖呪라 제목 하여 **영혼**들의 **천도 주문**으로 사용하였다.

3. 한 제자가 대종사께 여쭈었다.

"세상에 혹 **악귀**나 **잡귀**의 해를 보았다고 하는 사람이 있사오니 무엇이 그러한 **유**類가 되나이까."

대종사 말씀하시었다.

"죽을 때에 맞아 죽는다든지 **횡사 오사**를 하는 사람이 혹 그러한 유가 되기 쉽나니, 그러한 유가 덤비면 사람이 병을 얻을 수도 있고 그 밖의 괴로움을 당할 수도 있다."

4. 대종사 말씀하시었다.

"큰 서원을 품고 도를 닦으며 중생을 유익 주기 위하여 **정남정녀**로

성주聖呪 영혼천도를 위한 성스럽고 불가사의한 주문.
영혼靈魂 죽은 사람의 넋. 영(靈)은 불가사의하다는 뜻, 혼(魂)은 정신이라는 뜻.
천도薦度 죽은 사람(동물)의 명복을 빌고, 그 영혼을 극락세계로 가도록 염원하고 인도하는 것.
주문呪文 모든 재액에서 벗어나 불보살의 위력을 얻게 된다는 신비로운 글귀.
악귀惡鬼 사람에게 몹쓸 짓을 하는 나쁜 귀신.
잡귀雜鬼 온갖 잡스러운 귀신.
유類 무리.
횡사橫死 뜻밖의 재앙으로 죽음.
오사誤死 형벌이나 재앙으로 제 목숨대로 살지 못하고 비명에 죽음.
정남정녀貞男貞女 원불교의 전무출신으로서 일생동안 결혼하지 않고 교단에 봉직하는 남자 교역자를 정남, 여자 교역자를 정녀.

서 일생을 마친 사람은 그 **복과**를 말로써 다 할 수 없을 것이다. 그러나 부득이하여 정남정녀는 되었으나 세상 **향락**을 부러워하는 마음을 놓지 못하고 **명**을 마치고 보면 그 **인욕**한 과보로 몸은 비록 좋은 **가문**에 받아서 여러 사람의 부러움을 받을 수 있으나, 자칫 잘못되면 남자는 인물 좋은 **잡류**가 되기 쉽고, 여자는 인물 좋은 **기생**의 유가 되기 쉽나니, 마음 한번 잘못 먹는 것이 그렇게 두려운 일이 되는 것이다."

복과福果 인과보응의 이치에 따라 착한 업을 지었을 때 받게 되는 결과.
향락享樂 쾌락을 누림.
명命 목숨.
인욕忍辱 온갖 모욕과 괴로움을 참고 원한을 품지 않음.
가문家門 가족 또는 가까운 일가로 이루어진 공동체.
잡류雜類 언행이나 행실이 점잖지 못한 사람들.
기생妓生 예전에, 잔치나 술자리에서 노래나 춤 등으로 흥을 돋우는 일을 직업으로 삼는 여자.

원기22년경, 소태산 대종사 황정신행이 올린 털외투를 입고 이리읍내에서

부록

대종사 가사편
大宗師 歌詞篇

인물 주석
人物 註釋

대종사 가사

　대종사가 대각大覺한 심경과 그 지견으로 내다 본 세계상에 대하여 많은 가사와 한시 등을 읊으며 팔산 김광선에게 기록하도록 하고 그를 편집하여 『법의대전法義大全』이라 이름 했다. 그 대강은 도덕의 정맥正脈이 끊어졌다가 다시 난다는 것과 세계의 대세가 역수逆數가 지나면 순수順數가 온다는 것과 장차 회상 건설의 계획 등으로 신비하여 보통지견으로는 알아보기 어려운 내용이었다. 그 후 부안 변산에서 「회성곡回性曲」 등을 지었으나 원기5(1920)년에 이르러 한때의 발심에는 도움이 되지만 정식 교과서가 아니라는 이유로 『법의대전』과 가사 등을 불에 태워 파기하였다. 그러나 후인들이 외우고 있던 『대종경』 전망품 2장의 한시와 「탄식가」 「경축가」 「권도가」 「전반세계가」 「회성곡(회성곡, 교훈편, 안심곡)」 등 가사 일부와 원기9(1924)년에 지은 「만장」 그리고 「몽각가」 등이 전해진다.

　범산 이공전 종사가 원기70(1985)년에 펴낸 『대종경 선외록』 부록 「대종사 가사편」은 교화부에서 원기64(1979)년 간행한 『대종사 가사집』의 내용이다.

　부록 「대종사 가사편」은 본래 한글본이나 독자들의 이해를 돕기 위해 약간의 한자를 첨하였으며, 『회보』 제62호 서대원의 종화록과 『원불교문학100년 기념문선1·시가편』을 참조하였다.

1. 탄식가 嘆息歌

> 대종사가 구도시절 깨달음[大覺]을 이루지 못해 탄식하던 심경과, 깨달음을 얻었으나 그 내용을 말할 곳이 없어 또 다시 탄식하던 내용을 읊은 내용이다.

※ 대종사 가사편 읽는 법 ☞

여봐라 남주南洲야 말 들어라
나도 또한 중생으로
세상에다 밥을 두고
매일 통곡痛哭 이러하며
어찌하여 알아볼까
어찌하여 생사고락生死苦樂 그 이치며
우주만물 그 이치를 알아볼까
이러구러 발원發願하여
이 산山으로 가도 통곡
저 산으로 가도 통곡
사방 두루 복배伏拜하고
산신을 만나볼까
도인을 만나볼까
이인異人을 만나볼까
이리저리 하여 보니

조실부모早失父母 이 내 몸이
사방에 우접寓接 없이
일편단신一片丹身 되었으니
의식衣食 도리 전혀 없어
일일삼시一日三時 먹는 것이
구설음해口舌陰害 욕이로다
그리그리 통곡타가
소원성취 한 연후然後에
사오삭四五朔 지내가니
소원성취 이 내 일을
어디 가서 의논議論하며
어느 사람 알아볼까
쓸 곳이 전혀 없어
이리 가도 통곡
저리 가도 통곡

이 울음을 어찌하여 그만 둘꼬
그칠 곳을 생각하니
허허담담虛虛淡淡 노래로다
산이로구나 산이로구나
층암절벽層巖絶壁 산이로구나
천봉만학千峰萬壑 좌우산천左右山川
우뚝 솟아 높아 있고
물은 흘러 대해大海로다
일 년一年 삼백육십일에
사시절四時節이 돌아와서
산도 또한 산이 되고
물도 또한 물이 되어
천지만물天地萬物 되었도다
이런 산수山水 어쩌다가 있었던고

내 아니면 이런 산수 있을 소냐
가고 가니 내[川]로 구나
열렸구나 열렸구나
밝은 문門이 열렸구나
밝은 문 열어 노니
명도판결冥途判決 우리 학도學徒
전정前程이 만리萬里로다
천하에 높았으니
일심으로 공부하여
복혜양족福慧兩足 잡아들고
무도자無道者를 비소誹笑하며
춘추법려春秋法呂로 놀아보자
에루화 낙화落花로다

2. 경축가慶祝歌

> 대종사가 원기 원년이나 그 다음 해에 지은 것으로 보이는 경축가는 초기 교리의 소박한 모습이 엿보이는 가사로 팔인 선진들이 심공心功할 때와 구인 선진들이 법인기도 때 많이 외우던 가사라고 전한다.

세계조판世界肇判 이 가운데
제일주장第一主張 누구신가
만물지중萬物之中 사람이라
사람마다 주장인가
사람이라 하고 보면
위로 보니 보은報恩이요
알로 보니 배은背恩이라
보은보공報恩報功 하여 있고
배은망덕背恩亡德 알고 보면
제일주장 되겠더라
없었더라 없었더라
보은자報恩者는 없었더라
높았더라 높았더라
보은자는 높았더라

악도惡道로다 악도로다
배은자背恩者는 악도로다
우리 세계 일체동포一體同胞
근본이야 같지마는
형형색색 달라있고
사업동귀事業動歸
시로보고 모르도다
사방四方으로 보고나니
어찌 아니 반가운가
보은보공 알고 보면
무궁지재無窮之財 되어 있고
배은망덕 알고 보면
무궁지보無窮之寶 실렸으니
그 아니 좋으신가

입어 보세 입어 보세
천지은덕天地恩德 입어 보세
천지순환天地順環 이 가운데
만물포태萬物胞胎 되어 있고
풍운우로風雲雨露 하는 때에
만물양생萬物養生 하여 있고
일월왕래日月往來 되는 때에
방방곡곡坊坊曲曲 밝아 있고
춘하추동春夏秋冬 되는 때에
생사유무生死有無 있었도다
이런 은덕恩德 또 있는가
부모은덕父母恩德 입어 보세
부모은덕 입는 날에
애지중지愛之重之 길러 내여
이리저리 북돋아서
이리저리 자라나니
어찌 아니 은덕인가
이런 은덕 또 있는가
세계은덕世界恩德 입어보세
세계은덕 입는 날에
서로서로 생겨나서

서로서로 작반作伴하여
서로서로 밝혀내어
서로서로 선생 되어
서로서로 지도指導하니
어찌 아니 은덕인가
이런 은덕 또 있는가
법률은덕法律恩德 입어보세
법률은덕 입는 날은
차례법次例法이 생겨나서
상벌賞罰로 강령綱領하여
등분等分으로 낙樂을 삼고
발원發願으로 조직組織하여
후 기약後期約이 생겨나서
세세생생世世生生 즐기나니
어찌 아니 은덕인가
가련하다 가련하다
불신자不信者는 가련하다
너도 입고 나도 입고
서로서로 입어나서
배은망덕 하였나니
어찌 아니 가련인가

천지天地로다 천지로다
보은자는 천지로다
귀신鬼神일레 귀신일레
보은자는 귀신일레
세계世界로다 세계로다
보은자는 세계로다
보은일레 보은일레
수도자修道者가 보은일레
없었더라 없었더라
수도자는 없었더라
수도이치修道理致 아는 사람
부당지사不當之事 아니하고
당연지사當然之事 하였으니
수도자가 이 아닌가
만세萬歲로다 만세로다
수도자는 만세로다
과거사過去事를 보아 내여
현재사現在事를 밝혀내니
미래사未來事의 경사慶事로다
삼세이치三世理致 알고 보니
자유자재 하여 있고

무체무애無滯無礙 되었더라
무체무애 되고 보니
이치 알기 걸림 없고
일용사물日用事物 걸림 없고
왕래往來하기 걸림 없고
존비귀천尊卑貴賤 걸림 없고
수명복록壽命福祿 임의任意로다
천종만물千種萬物 나열羅列이나
사생四生 중中에 제일이요
오복五福 중에 제일이요
천상천하 독존獨尊일레
남녀세상男女世上 이때로서
사람이라 하였으니
이런 사업 아니고서
다시 볼 일 무엇인가
높고 높은 저 하늘에
무궁이치無窮理致 덥혀 있고
광대광대廣大廣大 산하대지
무궁지물無窮之物 실려 있고
최령最靈하다 보은자는
흉장불사胸藏不死 하여 놓고

무궁무궁無窮無窮 들어가니
배은망덕 없었더라
배은망덕 없었으니
보은가報恩歌나 불러 보세
삼삼森森으로 벌인 건물件物
서로서로 주장하여
서로서로 보은하니
화피초목化被草木 하여 있고
뇌급만방賴及萬方 이 아닌가
화단에 밝은 화초花草
지지춘광枝枝春光 되었더라
혼몽昏夢 중에 쌓인 생명
어서어서 자라나서
어서어서 밝혀보세
어서어서 밝혀내면
사중보은四重報恩 될 것이요
제도중생 자연自然이라
영산靈山에 꽃이 피어

일춘만화一春萬花 아닐런가
일춘만화 되게 되면
사시절四時節이 이 아닌가
사시절을 알게 되면
순리역리順理逆理 알 것이요
혼몽자각昏夢自覺 될 것이요
풍운변화風雲變化 알리로다
풍운변화 알게 되면
차별이치差別理致 없어지고
일원대원一圓大圓 될 것이니
경축가慶祝歌나 불러보세
경축가 사오성四五聲에
백발白髮이 없어지고
소년시절 이 아닌가
일심으로 경축하니
우리 천지 만만세萬萬歲라
일심으로 경축하니
우리 천지 만만세라

3. 권도가 勸道歌

> 대종사가 원기5(1920)년 경에 지은 것으로 보이는 권도가는 사람이 잘살고 못 사는 것은 과거 생에 스스로 지은 것이므로 누구를 원망하고 탓할 것이 없다는 인과의 이치를 설명하고, 불법을 주체삼아 혜복을 함께 닦아 큰 성현이 되어보 자고 권면하는 내용이다.

천진심天眞心이 좌정坐定하여
일양一樣 시행 하고보면
천상천하天上天下 제일이라
세계공인世界公人 할 것이요
세계 공인 받고 보면
소원대로 성취로나
소원 성취 하온 사람
동서남북 통해놓고
임의자재任意自在 할 것이요
생사귀천生死貴賤 그 가운데
마음대로 조화造化로다
천지가 포태胞胎되고
일월日月이 왕래하니

춘하추동 사시절에
용심用心따라 성공이라
슬프도다 이 세상에
아는 사람 누구던가
빈천貧賤에 우는 사람
빈천을 원망마라
과거의 지은 죄는
근본 모른 소치所致로다
금일부터 법문 들어
마음 닦아 덕을 지어
받은 빈천 몰아내고
오는 부귀 기다리라
부귀에 웃는 사람

부귀를 허탕虛蕩마라
과거에 지은 덕德을
금생에 다시 밝혀
오는 빈천 몰아내고
받은 부귀 잡아매어
삼재팔난三災八難 없애우고
복福으로만 놀아보라
만일 그리 아니하면
소리 없이 가는 복을
네가 어찌 알을 소냐
몽중夢中이라 몽중이라
이 세상이 몽중이라
몽중 근본 모를진댄
화복禍福 근본 모를 터니
나의 인연 놓지 말고
신성불변信誠不變 하여서라
세상 사람 수수천언數數千言
남은 도시 불량不良하고
저는 개개個個 선심善心이라
만일 전부 그리하면
자심시비自心是非 어이 알며

개과천선改過遷善 어이할까
유도불도儒道佛道 수천 년에
사람사람 도통이라
입으로는 현인군자賢人君子
행行코 나니 도적이라
구요심걸口堯心桀 그 사람이
이 세상에 가득하니
참으로 현인군자
옥석일체玉石一體 같았으나
밝고 밝은 그 이치를
뉘라서 속일 소냐
제가 비록 음음陰陰하나
일일시시一日時時 조사문부照查文簿
성화같이 빠른 것을
네가 어찌 아를 소냐
여러 교회 생겨나서
각자 위시하건마는
근본 마음 모를진댄
동귀同歸일리 아를 소냐
유도儒道로 문을 열고
불법佛法으로 주인삼아

차차차차 알아보니
복혜양족福慧兩足 얻는 법이
이 일 위에 또 있을까
만일 다시 있다 거든
재주대로 알아보소
갈 길 없다 갈 길 없다

이 길 밖에 갈 길 없다
자고로 성웅대인聖雄大人
이 길로 갔나니라
의심 말고 작심作心하여
소원성취 하였어라

4. 만장輓章

> 전북 김제군 원평 출신으로 전주에 사는 김동순金東淳 회원이 원기9(1924)년 열반하자 대종사가 전주에 행가하여 '만장輓章'을 지어 천도했으며, 그 후 그의 열반 일에 '임시 만장용' 노래를 불렀다.
> 김동순은 원기6(1921)년 전남 영광 길룡리 정관평 방조제 목조수문을 콘크리트로 축조하는 경비를 희사하였고, 대종사의 전주 행가시 여비와 응접 일체를 부담하는 등 극진하게 받든 제1회 내 창립 유공인이다.

저 산아 푸렇느냐
나는 누렇도다
나는 또한 푸르지고
너는 또한 누러진다
푸렇다 누렇다 이 사이에
완산칠봉完山七峯 다시 본다
소소영령昭昭靈靈 이 천지가
변화무궁 여기로다
여봐라 처자야 말 들어라
애고 대고 그만두고
오는 기약이나 들어봐라
사람마다 가는 기약 알지마는

오는 기약 부지不知로다
갈 거去 자라 하는 것이
올 래來 자가 아니면은
갈 거 자가 왜 있으리
갈 거去 올 래來 하는 때에
나 올 기약 알아보소
오는 때는 어느 때뇨
저기 저 산은 누러지고
여기 이 산이 푸르거든
날인 줄만 알려무나
서산에 졌던 해가
동방에 밝았도다

거년에 누른 가지

금년에 푸렇도다

허허 몽중夢中이로고

흥망성쇠興亡盛衰 있는 줄을

이와 같이 몰랐으니

허송세월 되는 줄을

앞날에 알았다면

죽을 사死자 왜 있으리

허허 웃어볼까 울어볼까

5. 전반세계가 甄盤世界歌

> 대종사가 대각(1916) 후 읊은 초기 가사 가운데 하나이다. 이는 장차 올 것으로 예견되는 평등 이상理想세계인 전반세계를 노래하고 있다.

전반세계甄盤世界 이 가운데
나열羅列하는 우리 동포同胞
북방지강北方之强 다 버리고
도덕道德으로 힘을 써서
역력歷歷히 밝혀내어
산山과 같이 높게 하면
군군면면郡郡面面 통통通通하리라
북방현무北方玄武 돌아가고

일춘만화一春萬花 돌아와서
면면촌촌面面村村 꿈을 깨니
신천지新天地가 이 아닌가
용龍과 봉鳳을 찾는 사람
이수里數 멀다 탓을 말고
돌산에다 길을 물어
치산峙山 봉산峰山 넘어서서
암중여래庵中如來 대면對面하소

6-1. 회성곡回性曲

> 전북 부안군 변산 봉래정사에서 대종사가 원불교 교리의 강령을 제정하기 전인 원기5(1920)년 (음)3월에 발표한 가사이다. 회성곡·교훈편·안심곡 3부작의 장편 가사로 되어있다.
> 회성곡은 중생이 본성을 잃고 방황하여 고생하다가 다시 자성을 회복한다는 내용을 담고 있다.

대명국大明國 무정촌務正村에
한 사람이 있으되
성姓은 심沈이요 명名은 화동和同이라
세대 도덕지후예道德之後裔로
문명文明이 활달하고
재산이 유여裕餘하여
농상공업 벌여놓고
원형이정元亨利貞 앞을 세워
명륜明倫에 의지하여
인의예지仁義禮智 덕德을 닦아
광대한 천지간에
짝할 사람 전혀 없어

일층부옥一層富屋 청루각靑樓閣에
덕윤신德潤身 되었으니
원할 일 없지마는
슬하에 남녀자손男女子孫
문견聞見이 소박하여
선대유언 부모교훈 아니 듣고
명륜이 무엇인지
사업이 무엇인지
하는 것이 잡 짓이라
짝 없는 그 부모가
후사後事를 생각하니
내 집 운수 가련너라

주야晝夜로 생각타가
한 묘계妙計를 생각하니
근방에 기운 있게 사는 사람
재주 인물 가려내어
수십 명 청해놓고 하는 말이
네 내 말 잠깐 들어서라
내가 이미 세대 덕가德家요
세대 부귀자로
자손이 불명不明하여
가정 사업 전할 수 전혀 없어
너희 등을 찾았으니
내 전장田庄 가져가라 전해주니
저 사람 하는 말이
어찌하여 우매한 이 사람을
의지하여 후덕厚德하시니
무량복축無量福祝 하오리다
그런 말은 그만두고
내말 명심 하여서라
내가 이제 남녀 자손 유여하되
말할 곳이 없게 되니
너의 정력精力 들어내어

무지한 나의 자손
용맹 조화 잡아들고
이리저리 변화하여
재주대로 인도하면
그 아니 보은인가
가정사업 남녀 자손
되는 대로 전해주고
슬하에 남녀자손 모아놓고
너희 남녀 간 말 들어라
대대 선조사업
너희라 불명不明하여
내 대에 망케 되니
그 아니 가련이냐
너희도 이 세상에
부모교훈 아니 들어
부자윤기父子倫紀 갈렸나니
남과 같이 지내면서
존비귀천尊卑貴賤 지내보라
존비귀천 지낸 후에
깨친 마음 없고 보면
영세무궁永世無窮 지내가도

부자 다시 모를 테니
그리 알아 조심하라
이 말씀 하신 후에
구중심원九重深苑 찾아들어
수십 년 농부 되어
안빈낙도安貧樂道 하고보니
그 많은 남녀자손
부모교훈 아니 듣고
부모이별 되는 후에
세대 부귀 자손 그 사람이
존비귀천 모르고서
행코 나니 허망이요
지내놓니 고생이라
동서남북 갈라서서
이리저리 지내보니
전일 부모 하신 말씀
역력歷歷히 생각하여
복장腹臟 속에 적어놓고
일심一心으로 밝혀내어
부모은혜 알으려고
심독희자부心獨喜自負하여

그 많은 남녀 자손
전일 부모 하신말씀
원수같이 알았더니
세상고락 지낸 후에
개개箇箇히 문명되어
점점 찾아들어
구중심원 묻힌 부모
귀신같이 찾아와서 보고나니
우리 부모 아닐런가
부모형제 수십 년 그린 정을
어찌 다 설화하며
무엇이라 기록할고
많나나니 남녀자손
다른 사람 전혀 없이
우리 부모 음덕陰德으로
혈육지친血肉之親 아닐런가
그 많은 남녀자손
개개箇箇히 문명되어
전일 일을 개과改過하여
선조유언 부모교훈 받아내어
가정사업 밝혀내어

태평곡太平曲 격양가擊壤歌로 　　목전目前의 어린사람
만세화창萬歲話唱 하여보세 　　어진사람 후록後錄 보아서
춘계春季의 행화목杏花木은 　　명심불망銘心不忘 하고 보면
가지가지 꽃이로다 　　　　　개개 현인賢人 되겠더라

6-2. 교훈편 教訓編
- 초학생화문 初學生化文 -

우리 집안 아이들아
해볼 것이 무엇이냐
해볼 것이 전혀 없다
무궁한 이 천지에
어찌 이리 무정한고
무정한 이 세월을
드물 회稀 자로 놀아보자
드물 회 자 아는 사람
차세此世 물건 아니로다
드물 회 자 본을 받아
근본 찾아 놀아보세
근본이라 하는 것이
사람마다 가졌으니
근본으로 마음지어
마음 심心 자 밝혀내서
마음 닦아 수도하면

이재명명利在明明 아닐런가
이재명명 하는 사람
태평성대 좋은 승지
너의 물건 아닐런가
심수옥중深邃獄中 갇힌 부녀
성경誠敬으로 덕德을 닦아
태평승지太平勝地 놀아보소
태평승지 어디던가
태평승지 네게 있어
춘하추동 사시절에
무위이화無爲而化 가진 마음
정성으로 밝혀내면
태평승지 아닐런가
태평승지 아는 사람
보고나니 여기로다
보고도 모른 사람

춘하추동 사시절에
밤이 오면 밤을 보고
낮이 오면 낮을 보아
너의 마음 알아서라
그도 역시 모르거든
자식 낳아 키워 보소
너의 마음 되는 법도
그 이치와 같나니라
무지한 세상사람
세상이 무엇인지
근본이 무엇인지
아는 사람 드물더라
근본선악 닦아내어
명복命福 주장 하여 보소
명복이라 하는 것이
마음 닦아 인사 알면
명복이 유수로다
마음 닦아 도道를 지어
행코나니 포덕천하布德天下 아닐런가
포덕천하 하는 사람
악한 일은 그만두고

선심善心으로 길을 들여
적적한 이내 마음
명월明月 같이 밝혀내어
세상만사 통해보고
천상천하天上天下 행해보니
어떤 사람 그리하고
어떤 사람 못 하는가
사람마다 닦아 알면
포덕천하 못해볼까
닦아 보세 닦아 보세
어서 닦아 놀아보세
하느님 하신말씀
함지사지陷之死地 출생들아
부귀빈천 어디 메요
천지天地 전에 비나이다
천지는 명복빈천 없었기로
유도불도儒道佛道 누천년累千年에
만권시서萬卷詩書 그 가운데
부귀빈천 길을 닦아
선행자는 복이 되고
악한 자는 죄를 받아

세계사람 보게 하니
그 아니 덕일런가
부귀빈천 비는 사람
부귀빈천 네게 있어
선악대로 가져 온다
나도 또한 재생으로
무위이화 가진 마음
역력히 닦아내어
법률도덕 이름하여
출세간에 내쳤더니
아는 사람 드물어라
무식한 세상사람
원망할게 무엇이냐
사람이라 하는 것이
이목구비 있고 보면
시운 상하 없나니라
어서 바삐 닦아서라
운이 가고 운이오니
일일시시 운이로다
시운시대 하는 사람
허망한 일 아닐런가

대장부 이 세상에
대체근본 모를 소냐
강구연월 좋다마라
복이 오면 재앙오기 가지로다
호의호식 하는 때에
복을 지어 복으로만 지내보소
복 받을 때 복을 짓고
재앙 올 때 복을 지어
재앙 이 자 없애우고
복으로만 놀아보세
복록도 무궁이요
빈천도 무궁이라
짓는 대로 가져간다
남을 속여 일시 호는
영세무궁 지내가도
복 받을 수 없나니라
너희라 무슨 팔자
선악이 없을 소냐
원수를 짓지 말고
지어지선至於至善 하여 보소
부귀빈천 생각커든

세상사람 선생삼고
개개이 은인으로
층하 없이 알아서라
차세 장부들은
패를 짓고 당을 지어
기운 있게 먹으면서
개개 선생 아닐런가
당패에 의지하여
기운으로 바란 부귀
개개허망 이 아닌가
기운으로 아니 되니
안빈낙도 그 가운데
정성으로 공부하여
솔성수도 하고보면
자연지풍 돌아와서
부귀빈천 유수로다
아무리 분분한들
고금이 다를 소냐
분분세계 돌아와서
선악분별 아닐런가
진토塵土 중에 묻힌 옥석玉石

뉘라서 분간하며
안빈낙도 현인군자
세계 중에 있다 해도
어목자가 어이 알꼬
안빈낙도 그 양반이
춘하추동 법을 잡아
변화무궁 없애 우고
선악으로 앞을 세워
수도자를 부르시네
남의 시비 그만두고
내 시비를 알아내어
대명천지大明天地 구경하소
사람마다 원수있어
백방으로 조화지어
불신 탐욕 나 우를 행케하니
이런 조화 알고 보면
성공하기 가지로다
그런 조화 모를진댄
전생금생 보수악신
원수를 받을 테니
명심불망 하여 보소

변화무궁 이 세상에
솔성수도 없고 보면
삼재 가련 아닐런가
어진말씀 들은 후에
어린사람 가리우면
너도 역시 그른 사람
선한 말을 들었으니
하늘같이 섬겨내어
사중보은 하여 보소
존비귀천 가리실제
보은자는 좌편이요
배은자는 우편이라
고대광실 높은 집에
좌우로 갈라 세워
선악분간 하시는 법

귀신같이 알으신다
그 아니 명천인가
무지한 세상사람
부지 간에 죄를 지어
명도판결 가련이라
보은자의 수명복록
등분 있게 나눠주어
편만 천하 너른 중에
이와 같이 분간하니
이 아니 복일런가
이 문자 자세 보아
명심불망 하여서라
하늘은 무사정이라
짓는 대로 가져간다
추월추동 엽낙시라

6-3. 안심곡安心曲
- 봉사견청산奉事見靑山 -

성현님 하신말씀
세상사람 둘러보니
유도불도 외어내어
개개도인 아닐런가
외면은 현인군자 행코나니
기심欺心 도적뿐이로다
언행부동 되었으니
구요심걸口蕘心桀 아닐런가
법률도 무궁이요
도덕도 무궁이라
법률도덕 이러하나
가진 사람 전혀 없어
허수아비 세상으로
이리저리 야단이라
동서남북 발동하니
화피초목 돌아와서

뇌급만방 되어 지니
해 볼 것이 무엇이랴
소박한 이 세상에
마음 닦아 덕을 펴니
대명천지 이 아닌가
수신공덕修身功德 없고 보면
무도무덕無道無德 아닐런가
무도무덕 그 사람이
불충군왕不忠君王 할 것이요
불충군왕 하였으니
득죄군왕得罪君王 아닐런가
득죄군왕 그 사람이
불효부모不孝父母 할 것이요
불효부모 그 사람이
불경사장不敬師長 할 것이요
불경사장 하는 사람

불목형제不睦兄弟 할 것이요
불목형제 하는 사람
불성부부不誠夫婦 될 것이요
불성부부 하는 사람
불의붕우不義朋友 할 것이요
불의붕우 하는 사람
불외천지不畏天地 자연이라
불외천지 하는 사람
불구신명不懼神明 아닐런가
불구신명 하는사람
불례삼강不禮三綱 되어진다
불례삼강 그 사람이
부중사업不重事業 아닐런가
부중사업 하고보면
살생해명殺生害命 할 것이라
살생해명 하는 사람
백천간사百千奸邪 모여들어
선악을 모르고서
미친 봉사 되어진다
미친 봉사 저 사람이
백천만사百千萬事 다 버리고

제가 무슨 수단이나 있는 듯이
동무 찾는 판이었다
저 봉사 거동보소
잠든 봉사 흔들면서
말하는 수단이었다
요새에 들으니
천상에 상제님이
동방에 강림하여
세상사람 부르시니
어서 바삐 가고 보면
부귀영화는 정성대로 되어지니
일심으로 믿어보세
잠든 봉사 하는 말이
가세 가세 어서 가세
상제님 뵈온 후에
소원성취 하고보면
그 아니 좋을 손가
나서면서 하는 말이
실정實情 그리하면
자네 말로 앞을 세워
탕진가산 전수히 하여

먹고 놀고 뛰어보세
깨운 봉사 하는 말이
우리 정이 다시없어
이런 통정 하여주니
정곡情曲이나 짐작 하소
두 봉사 작반作伴하여
탕진가산 하여갖고
이리 가서 말하며
저리 가서 말하며
매일 장취 술 잘 먹고
봉사패 이러하니
봉사당 아닐런가
그렁저렁 봉사패가
동서남북 그 가운데
남북이 봉사당이라
봉사패 하는 말이
복록을 바라오니
인의예지 앞을 세워
선심선도善心善導 하여보세
선심선도 소약자所約者가
개개이 불량이라

이 봉사는 저 봉사를 해害하며
저 봉사는 이 봉사를 해하며
개개 불량 아닐런가
저희라 무슨 부귀
제 수단에 있었다고
이러구러 자랑하니
그 아니 불량인가
그렁저렁 다니면서
또 한 동무 만났구나
만났나니 초라니패 아닐런가
초라니패 거동보소
동서남북 그 가운데
동서가 초라니패라
초라니패 하는 거동
사면에 나타나서
서로보고 희롱한다
저놈은 이놈을 보고 웃고
이놈은 저놈을 보고 웃고
이리 흔들 저리 흔들
흔들 걸음 놀아갈 제
희색喜色이 만만滿滿하구나

고대광실 높은 집에
백포청장白布靑帳 둘러치고
궁상각치우宮商角徵羽로
놀음판을 꾸며내니
봉사패 거동보소
연년 묵은 도포창옷
흉중에 덮어 입고
머리에는 부서진 박짝 쓰고
우수右手에 옥저玉箸 들고
좌수左手에 백우선白羽扇으로
청천을 의지하여
감은 눈 반만 뜨고
옥저 일곡으로
세계를 유점 하여 하는 말이
우리 팔자 이러하니
어찌 아니 좋을 소냐
기악광대 너 듣거라
좌우로 늘어서서
오음육률五音六律 골라잡아
궁상각치우로 놀아보세
줄봉사 하는 말이

장막이 이러하고
사체事體가 당당하니
주효설석酒肴設席 없을 소냐
음식 설석 정히 하고
좌우 광대며
줄봉사 초라니패가
재주대로 노는 판이라
느닷없이 원숭이패 십여 명이
몰골은 흉악하나
이목耳目은 일월 같은 놈이
고대광실 높은 집에
제 집같이 달려들어
놀음기계 앗아놓고
음식을 다 먹으며
기악광대 옥저를
되는대로 잡아들고
궁상각치우로
놀음하며 탄곡彈曲한다
여봐라 봉사야 말 듣거라
눈 없는 봉사 놈이
오래 놀면 맛이 없다

눈 있는 원숭이가

세계를 둘러보며

춘하추동 사시절에

춘추법려春秋法呂로 놀아보자

달아달아 밝은 달아

구름 속에 노는 달아

너는 밝아 중천법계 월이 되고

나는 밝아 백일중천 해가 되어

이리저리 밝혀내어

춘하추동 사시절에

도화지桃花枝를 잡아들고

춘추법려로 놀아보자

에루화 낙화로다

가련하다 가련하다

너의 신명 가련하다

대명천지 이 세상에

너의 시절 오래가면

천지운수 가련니라

봉사의 거동보소

제 물건 잃었으되

물건 잃은 줄도 모르고

들리나니 탄곡성이라

제 정신 얻다 두고

서로 붙잡으며

음식을 서로 내라 하며

서로 싸우는데

혹은 도적놈이라 하며

혹은 달아나며

혹은 앉아 통곡하며

혹은 하늘 보고 헛웃음하며

이리저리 야단이라

얼씨구나 춘삼월 호시절이 아닌가

굿 중에는 상 굿이라

그 말 저 말 다 버리고

초라니 봉사 개과로다

좋은 법문 들어보니

원형이정 돌아선다

죄도 내가 짓고

복도 내가 짓고

잠도 내가 자고

밥도 내가 먹고

천지라 만물이라

원수라 은인이라
상하시비 원근친소
도무지 내가 지어
짓는 대로 되는 것을
원망이 무수하고
원수라 이름하고
시비 고하 가려내어
허수아비 세상으로
봉사놀음 이러하며
허송세월 하였으니
광대한 이 천지에
세계를 어찌 볼까
굿 볼 사람 좌우로 늘어앉아
천죄자天罪者를 보았으니
천죄자 이 사람이
수도자를 어찌 볼까
제 공부를 제 모르고
미친 걸음 놀았으니
어찌하여 살아볼까
저희라 탄식하고
돌아 앉아 하는 말이

가갸 자字도 모른 놈이
인의는 그만두고
선생질에 맛이 나서
우리 신세 이리되어
진토 중에 묻혔으니
선생 놀음 그만 두고
수도자를 찾아보세
수도자를 보고나니
천지 선생 아닐런가
천지로 선생 삼고
중생으로 벗을 삼아
농상공업 힘을 써서
융회관통融會貫通 하여보세
일일이 힘을 들여
융회관통 하고 보면
솔성위도 아닐런가
대명천지 이 세월에
자칭 선생 없어진다
원형이정 때를 만나
인의예지 하여보니
수도위교 아닐런가

우매한 동무들아

어서 바삐 수신하여

대경대법大經大法 알아서라

세상사람 보고 나니

부귀빈천 제게 있어

행실대로 되련마는

아는 사람 없었더라

빈천자는 부귀자의 법을 보고

부귀자는 빈천자의 법을 보아

심독희자부로다

공부자야 이 문자 자세보아

중생 중에 빠졌어라

골골이 향교 있어

성인군자 모셨으니

수 천 년 지내가도

그 이름 유전이라

어찌 성인군자라 하였나뇨

성인군자라 하는 것이

매사에 신용 있고

매사에 욕심 없고

만사에 나심懶心 없고

어질고 옳은 법을 세워

행코 나니 복이 되고

도통이라 하는 것은

내 정신 찾은 후에

그 일 저 일 다 버리고

세상 인연과 좋은 낙 보지 말며

일일시시로 아무 마음 없이

정신 잡은 대중만 하고

아침으로부터 저녁에 이르며

저녁으로부터 아침에 이르러

정성으로 들어갈 때

앉았으나 누웠으나

길을 가나 음식을 먹으나

다른 사람하고 말을 하나

농상공업 일을 하나

다른 분별 내지 말고

정신 잡은 그 대중으로

무심적적無心寂寂 들어가서

한 달 두 달 일이년을

일심으로 공부하면

백천만사 없어지고

다못 정심正心되어
내 마음을 이리가자하면 이리가고
저리가자하면 저리가고
내 맘대로 되어 지면
자연광명 나타나서
안광낙지眼光落地 절로 되니
그 아니 도통인가
안광낙지 되고 보면
일월 같은 성현이라 이름하고
세계사람 모셔가니
광대한 천지간에
바랄 일 전히 없다
어서 바삐 정신 들여
마음 길을 들여 보소
하물며 만물 중에
새도 길을 박아
가자는 대로 가고
소도 길을 박아
가자는 대로가고
말도 길을 박아
용마를 만들고

백천百千 만물을 길 박는 대로 되는데
사람 공부도 여러 가지 공부 중에
발원대로 공부하면
아니 되는 수 전혀 없어
아는 선생 앉혀놓고
일심으로 공부하면
유재무재有才無才 그만두고
개개 성공 아닐런가
인생으로 잡아나서
아무공부 없고 보면
비할 데 없나니라
사람마다 하는 것이
먹을 욕심 제일이요
음양 욕심 제일이요
재물 욕심 제일이요
잠자고 노는 욕심 제일이요
남은 불량하고
저는 잘한다는 욕심이요
이 욕심으로 매사를
이루지 못하니라
부귀자야

빈천자를 웃지 마라
너도 또한 부귀자로
부귀 중에 있으면서
오는 빈천 몰아내고
가는 부귀 잡아매라
그렇지 아니하면
수만 년 죄수 중에 들어간다
너희라 무슨 팔자
빈천이 없을 소냐
빈천자야
부귀자를 원怨치 마라
너희도 이 세상에
받은 빈천 몰아내고
오는 부귀 기다려라
애차라 세상사람
빈천이 무엇인지
부귀가 무엇인지
아는 사람 전혀 없어
되는 대로 살아나니
그 아니 무심인가
마음 찾아 정신 드는 이 사람아

네 정신 찾았거든
송아지 목맨 듯이
단단히 매어놓고
이리저리 길을 박아
솔성수도 하여 보소
애차라 세상사람
제 정신 어디 두고
허수아비 놀음으로
수원수구誰怨誰咎 원망하며
이리저리 노는 양을 보고나니
박장대소 아닐런가
애도롭다 붓을 들어 말한 사람
너도 장부 나도 장부
말할 것이 무엇이냐
말할 것 정히 없다
망언이다 망언이다 하니
일소일파一笑一罷 되었더라
무심적적無心寂寂 되는 사람
이것저것 보지 말고
마음 길을 재촉하소

인물 주석

인물 주석은 가나다 순으로 정리했으며, 뒤에 붙은 숫자들은 해당 인물이 등장하는 이 책 본문의 페이지이다.

간디(1869~1948) 무저항·불복종·비폭력·비협력주의에 의한 독립운동을 지도한 인도의 정치가·민족지도자. 25, 198

강 선생姜先生 ➡ 강일순姜一淳(267p) 194, 195

강일순(姜一淳, 1871~1909) 증산교甑山敎의 창시자. 호는 증산甑山, 전라북도 정읍에서 태어나 31세에 도를 이룬 뒤 9년 동안 해원·보은·상생·조화의 천지공사를 하고 화천(열반)하였다. 267

강증산姜甑山 ➡ 강일순姜一淳(267p) 213

구봉龜峰 ➡ 송익필宋翼弼(276p) 80, 81

구산 송벽조久山 宋碧照 ➡ 송벽조宋碧照(275p) 219

구정선사(九鼎禪師) 신라 후기 무염無染 선사의 제자로 강원도 오대산 월정사 동대관음암에서 스승의 명에 의하여 솥을 아홉 번 걸었다하여 '구정'이란 법호를 받았다고 전해진다. 128

〈부록〉 인물 주석 **267**

김계옥(金桂玉, 1898~1982) 본명은 계염季廉, 법호는 갑타원甲陀圓. 부산에서 태어나 원기19(1934)년 임칠보화의 인도로 입교하여 원기23(1938)년 초량교당 조전권 교무, 김통제화, 이정혜와 함께 대종사와 은부녀결의를 하였다. 고아 여러 명을 데려다가 가정에서 양육하였다. 76

김광선(金光旋, 1879~1939) 본명은 성섭成燮, 법호는 팔산八山, 법훈은 종사宗師. 전라남도 영광에서 태어나 대종사의 구도과정부터 도움을 주었고, 대종사의 첫 제자이며 9인의 표준제자 중 한 사람이다. 대종사 보다 12살 많으나 스승으로 극진하게 모시며 방언공사 법인기도 후 출가하여 교단 창립에 공헌하였다. 268

김기천(金幾千, 1890~1935) 본명은 성구聖久, 법호는 삼산三山, 법훈은 종사宗師. 전라남도 영광에서 태어나 대종사의 제자가 된 9인의 표준제자 중 한 사람이다. 방언공사와 법인기도 등 교단 창립에 공헌하였고, 새 회상 최초로 견성見性 인가를 받았으며, 부산지역 최초 교당인 하단교당 교무로 재직하던 중 열반하였다. 268

김남천(金南天, 1869~1941) 본명은 성기星基, 법호는 각산角山. 전라북도 전주에서 태어나 목수 일에 능했고, 증산교를 믿다가 원기4(1919)년 친구 송적벽과 함께 대종사를 뵙고 제자가 되었다. 딸 김혜월, 외손녀 이청풍과 함께 변산 봉래정사에서 대종사를 시봉하였다. 207

김대거(金大擧, 1914~1998) 본명은 영호榮灝, 법호는 대산大山, 법훈은 종사宗師. 전라북도 진안에서 태어나 11세에 진안 만덕산에서 대종사를 만나 제자가 되어 16세에 출가하였다. 교단의 중책을 맡아 대종사와 정산 종법사를 보필하다 정산 종법사가 열반하자 후계 종법사에 선출되어 33년간 재임하였다. 28, 72

김도일(金道一, 1896~1977) 본명은 기부基富, 법호는 종산鍾山. 전라북도 정읍에서 김태형과 김해운의 아들로 태어났다. 모친이 정산 종사를 모악산 대원사에서 뵙고 화해리 자신의 집으로 모시고 오자 모친과 함께 정산 종사를 극진히 시봉하였다. 56

김복균(金復均, 1936~2016) 법명 겸 본명, 법호는 적타원積陀圓. 대산 김대거의 장녀로 익산총부에서 태어나 유년기와 청소년기를 총부에서 생활하였다. 이화여자대학교를 졸업하고 원광여자중학교 교사 등으로 근무하였으며, 박선일 교무와 결혼하여 권장부로 살았다. 269

김성구金聖久 ➔ 김기천金幾千(268p)　　　　　　　　　46, 47, 54

김성명화(金性明華, 1887~1962) 본명은 복의福義, 법호는 성타원性陀圓. 부산에서 태어나 원기18(1933)년 박허주의 집에서 대종사를 뵙고 귀의하였다. 일가친척과 이웃의 비방과 조소 속에 교법을 전하여 하단·부산·초량교당의 창립과 발전에 초석을 이루었다. 76

김성섭金成燮 ➔ 김광선金光旋(268p)　　　　　48, 54, 56, 58, 66, 176, 178

김장생(金長生, 1548~1631) 호는 사계沙溪. 조선 선조·광해군 때의 성리학자·예학자로 광해군이 즉위한 후 충청도 연산連山에 은퇴하여 학문에 전심하였다. 그는 송익필에게서 예학禮學을 전수받고, 이율곡에게서 성리학을 전수받아 그 학통을 계승하였다. 269

김중묵(金中默, 1920~1998) 본명은 태팔泰八, 법호는 양산養山, 법훈은 종사宗師. 전라북도 김제에서 태어나 입산 출가하여 참 스승을 찾아다니던 중 원기25(1940)년 대종사를 법고 출가하였다. 산업부와 과수원 등에서 근무하면서부터 인과의 원리를 탐구하여 각 교당을 다니며 인과 법문으로 감화를 주었다. 206

김태흡(金泰洽, 1889~1989) 일제 강점기에 활동한 한국 불교의 스님. 1935년에 「불교시보」를 창간하여 9년 동안 발행하였다. 일제가 민족종교 및 관련단체에 대한 탄압과 감시가 극심한 상황에서 『불교정전』 발간에 도움을 주었다. 223, 224

김해운(金海運, 1872~1939) 법호는 경타원莖陀圓. 전라북도 정읍에서 생활하며 증산교를 믿던 중 모악산 대원사에서 정산 종사를 만나 화해리 자기 집에 머물기를 청하여 원기 3(1918)년 이른 봄부터 여름까지 시봉하였다. 57

김형오(金亨悟, 1911~1985) 본명은 양현揚絃, 법호는 승산昇山, 법훈은 대호법大護法. 전라남도 영광에서 태어나 원기18(1933)년 출가하여 대종사를 측근에서 시봉하였다. 원기 27(1942)년 부득이 귀가하여 재가교도로 생활하며 퇴속 전무출신자들을 규합하여 모원회慕源會를 조직하였다. 225

김홍철(金洪哲, 1902~1987) 본명은 충렬忠烈, 법호는 형산亨山, 법훈은 종사宗師. 전라남도 영광에서 김광선의 아들로 태어나 영산 방언공사 때 어린나이로 봉사하였고, 원기 15(1930)년 전무출신 하였다. 영산 제2차 방언공사 때에는 책임자의 역할을 수행하는 등 교단 창립 발전에 공헌하였다. 73

김활란(金活蘭, 1899~1970) 한국 여성운동가이자 교육자. 학교법인 이화학당 이사장 겸 이화여자대학교 초대총장으로 재직하였고 공보처장을 지냈으며, 여러 사회단체에서 활동하였다. 163

노덕송옥(盧德頌玉, 1859~1933) 법호는 현타원賢陀圓. 전라북도 남원에서 태어나 결혼하여 진안 좌포에 살았다. 원기9(1924)년 대종사가 진안 만덕산에 머무를 때 최도화의 인도로 장손자인 대산 김대거와 함께 귀의하고 초선初禪에 참여하였다. 이후 지극한 신성으로 법열에 찬 생활을 하였다.   72

달마(達摩, ?~?) 남인도 향지국 이견왕의 셋째 왕자로 태어난 석가모니불로부터 제28대 조사이며, 중국 선종의 초조初祖. 중국에 들어와 숭산 소림사에서 9년간 면벽좌선面壁坐禪을 하였으며, 선법禪法을 혜가慧可에게 전수하였다.   159

도산道山 ➡ 이동안李東安(278p)   158, 171

도산 안창호(島山 安昌浩, 1878~1938) 평안도 강서에서 태어났으며, 항일 독립 운동가이자 교육가로 독립협회·신민회·흥사단 등에서 활동하였다. 1935년, 대전감옥에서 출옥 후 전국 순회 중에 익산총부를 방문하여 대종사와 만남을 가졌다.   215

도성道性 ➡ 송도성宋道性(275p)   29

두은頭恩 ➡ 조두은趙頭恩(282p)   198

문정규(文正奎, 1863~1936) 본명은 정현正現, 법호는 동산冬山. 전라남도 곡성에서 태어나 원기5(1920)년 친구인 송적벽의 인도로 변산 봉래정사를 찾아 대종사의 제자가 되어 대종사를 시봉하였다. 원기9(1924)년 불법연구회 창립총회 때는 전주지방 대표의 한 사람으로 참여했으며, 익산총부 건설에 적극 동참하였다.   137

민자연화(閔自然華, 1859~1932) 법호는 낙타원樂陀圓. 서울에서 태어나 원기9(1924)년 동대문 밖 창신동에서 장녀 이성각, 차녀 이공주, 외손녀 김영신과 더불어 대종사를 만나 귀의하였다. 그 후 오롯한 신성으로 서울교당과 익산총부 건설에 참예하였으며 법문 듣기를 좋아하였다.   201

민 충신(閔忠臣, 1861~1905) 조선 고종 때의 문신인 충정공 민영환. 1905년 을사조약이 체결되자 조약폐기의 상소를 올렸으나 뜻을 이루지 못하자 '이천만 동포'와 '외국사절' 그리고 '황제'에게 각각 유서를 남기고 자결로써 일제에 항거하였다.   97

박경문 → **박세철**朴世喆(272p)   54

박노신(朴老信, 1911~1950) 본명은 남개南開, 경상남도 거제에서 태어나 모친 장적조의 인도로 원기12(1927)년에 입교하고, 이듬해 출가하였다. 그러나 가정 사정으로 부득이 귀가하여 부산과 함경도 청진항에서 사업을 하며 모친이 부산과 청진에서 교화활동을 하는 계기를 마련하였다.   107

박동국(朴東局, 1897~1950) 본명은 한석漢碩, 법호는 육산六山, 법훈은 종사宗師. 대종사의 친아우로 대종사가 대각을 이루자 제자가 된 9인의 표준제자 중 한 사람이다. 방언공사, 법인기도를 함께한 후, 양자로 간 상황에서 친형인 대종사를 대신하여 모친을 봉양함으로써 대종사가 교단 창업에 전념할 수 있게 하였다.   272

박세철(朴世喆, 1879~1926) 본명은 경문京文, 법호는 오산五山, 법훈은 종사宗師. 전라남도 영광에서 태어나 대종사의 제자가 된 9인의 표준제자 중 한 사람이다. 가장 연장자로 선두에서 일을 하면서도 공을 양보하고 사양하여 대종사로부터 '후대 수도인의 모범이 될 만한 겸양'이라는 평을 들었다.   73

박장식(朴將植, 1911~2011) 본명은 천식天植, 법호는 상산常山, 법훈은 종사宗師. 전라북도 남원에서 태어나 경성(서울)법학전문학교를 졸업하고 직장생활을 하면서 남원교당 창설에 공헌하였다. 원기26(1941)년 출가하여 「회규」 개정과 『불교정전』 편찬에 참여하였으며, 교단의 교육계와 행정체제 확립에 헌신하였다. 75, 220

박제중(朴濟衆, 1936~) 본명은 환두煥斗, 법호는 염산恬山. 전라북도 남원에서 상산 박장식의 장남으로 태어났다. 부친이 원기26(1941)년 출가하며 익산총부로 이사하여 6세부터 총부에서 생활하였다. 원기48(1963)년 출가하여 총부 교무부를 비롯하여 원광대학교 박물관 등에서 근무하였다. 273

박창기(朴昌基, 1917~1950) 본명은 남기南基, 법호는 묵산默山, 법훈은 대봉도大奉道. 서울에서 태어나 원기17(1932)년 모친 이공주의 인도로 입교하고 출가하였다. 익산총부에서 대종사를 10여 년간 시봉하였고, 교단 장래를 위하여 후진양성에 심혈을 기울였으며 물려받은 많은 유산으로 교단 경제의 뒷받침을 하였다. 74, 220, 221

박한석六山 ➔ **박동국**朴東局(272p) 54

복균復均 ➔ **김복균**金復均(269p) 198

사계沙溪 ➔ **김장생**金長生(269p) 80, 81

사산四山 ➔ **오창건**吳昌建(276p) 225

삼리화三离火 ➔ **정삼리화**鄭三离火(281p) 199

〈부록〉 인물 주석 **273**

삼산三山 ➡ 김기천金幾千(268p)　　　　　　　　　　　29, 158, 194

상야(上野, 1869~1947) 일본명 우에노 슌에이上野舜穎. 일제가 이등박문의 공덕을 기념하여 지은 박문사의 주지. 원기27(1942)년 조선총독부 경무국에서 불법연구회 교리를 검열하도록 하여 총부에 와서 각종 교서를 검토를 한 뒤 대종사와 면담하고 그 경륜에 감복하여 불법연구회가 곤경에 처할 때 도움을 주었다.　　　　　　　　　　　223

서대원徐大圓, 1910~1945) 본명은 길홍吉泓, 법호는 원산圓山, 법훈은 대봉도大奉道. 전라남도 영광에서 태어나 원기14(1929)년 입교 후 외숙되는 대종사를 뵙고 출가하였다. 대종사에 대한 신성信誠의 표시로 손을 자르고, 산사로 들어가 불경공부와 염불·참선에 주력하여 꾸중을 들었으나 고경학습과 주해에 큰 몫을 담당하였다.　　　　　　159

서대인(徐大仁, 1914~2004) 본명은 금례金禮, 법호는 용타원龍陀圓, 법훈은 종사宗師. 전라남도 영광에서 태어나 원기15(1930)년 서대원의 인도로 입교하고 이듬해 출가하였다. 대종사로부터 '대의大義에 밝아 후대 수도인의 모범'이 될 만하다는 칭찬을 들었으며, 여성 최초로 대각여래위에 승급하였다.　　　　　　　　　　　　　　73

서상인徐相仁 ➡ 서중안徐中安(274p)　　　　　　　　　　　　　　　61

서중안(徐中安, 1881~1930) 본명은 상인相仁, 법호는 추산秋山, 법훈은 대호법大護法. 전라북도 김제에서 태어나 원기8(1923)년 변산 봉래정사를 찾아 대종사를 만나 제자가 된 후 하산下山하여 회상 건설하기를 건의하였다. 전라북도 익산에 총부를 건설하는데 크게 기여하였으며 불법연구회 초대 회장을 역임하였다.　　　　　　214

성성원(成聖願, 1905~1984) 본명은 성현聖鉉, 법호는 정타원正陀圓. 전라북도 임실에서 태어나 서울 계동에서 신혼살림을 시작할 때 처음 상경한 대종사가 자신의 집에서 머무른 인연으로 귀의하였다. 원기15(1930)년 대종사와 은부녀恩父女의 결의를 하여 최초 은녀恩女가 되었으며, 재가교도로서 서울교당 교무로 5년간 근무하였다. 208, 231

성정철(成丁哲, 1901~1987) 본명은 정호丁鎬, 법호는 성산誠山, 법훈은 종사宗師. 경상남도 창녕에서 태어나 정산 조철제鼎山趙哲濟의 태극도 중요간부로 활동하다가 원기10(1925)년 가족과 함께 입교하고, 원기13(1928)년에 출가하였다. 일생동안 교단의 사업계에 봉직하면서 초기교단의 어려운 경제를 타개하는데 공헌하였다. 73

송규(宋奎, 1900~1962) 본명은 도군道君, 법호는 정산鼎山, 법훈은 종사宗師. 경상북도 성주에서 태어나 스승을 찾아다니던 중, 전라북도 정읍에서 대종사를 만나 제자가 되었다. 대종사를 보좌하다가 대종사 열반 후에는 종법사위에 올라 교단을 이끌었다. 각종 교서 편찬과 각종 학교를 설립하고, 교명을 '원불교圓佛敎'라 선포하였다. 169, 197

송도군宋道君 ➜ **송규**宋奎(275p) 56, 57, 58, 59, 176

송도성(宋道性, 1907~1946) 본명은 도열道悅, 법호는 주산主山, 법훈은 종사宗師. 경상북도 성주에서 태어나 원기7(1922)년 형인 정산 종사의 인도로 출가하여 형과 함께 대종사를 보좌하며 교단 초창기에 많은 공헌을 하였다. 광복 직후 전재동포구호사업에 앞장서서 헌신하다가 과로로 열반하였다. 59, 158, 168, 196

송벽조(宋碧照, 1876~1951) 본명은 인기寅驥, 법호는 구산久山, 정산 송규·주산 송도성의 부친으로 경상북도 성주에서 장남 송규의 인도로 원기4(1919)년 전라남도 영광으로 전 가족을 데리고 이사하였다. 대종사의 제자가 된 후 출가하여 마령교당 교무로 근무할 당시 천황불경죄로 감옥살이를 하였다. 60, 219

송익필(宋翼弼, 1534~1599) 호는 구봉龜峰. 조선 선조 때의 학자. 서출庶出로 벼슬은 하지 못했으나 성리학과 예학에 조예가 깊었다. 문하생인 사계 김장생이 그의 예학을 계승 발전시켰다.   276

송현풍(宋玄風, 1898~1964) 본명은 찬용贊用, 강원도 회양에서 태어나 곤궁한 생활을 하면서도 도학군자 만나기를 염원하였다. 일원상을 보고 발심하여 원기22(1937)년 대종사를 만나 귀의하여 대도에 참여함을 낙으로 삼았다.   99

송혜환(宋慧煥, 1905~1956) 본명은 동환東煥, 법호는 공산公山, 법훈은 대봉도大奉道. 전라북도 진안에서 태어나 원기10(1925)년 전음광의 인도로 입교하여 원기17(1932)년 출가하였다. 교단의 사업계를 이끌며 각 분야에서 활동하였으며, 원불교 재단 설립과 원광대학 창설 등에 공헌하였다.   73

양도신(梁道信, 1918~2005) 본명은 소숙小淑, 법호는 훈타원薰陀圓. 법훈은 종사宗師. 부산 하단에서 태어나 원기18(1933)년 하단교당 김기천 교무의 연원으로 입교하여 원기20(1935)년 부산지방에 행가한 대종사를 따라 익산총부로 와서 출가하였다. 남원·부산·종로교당 등에서 교화활동과 동산선원에서 후진을 양성하였다.   207

오재겸 ➔ 오창건吳昌建(276p)   54, 55

오창건(吳昌建, 1887~1953) 본명은 재겸在謙, 법호는 사산四山, 법훈은 종사宗師. 전라남도 영광에서 태어나 대대로 불교 집안이었으나 대종사를 만나 제자가 된 9인의 표준제자 중 한 사람이다. 대종사가 변산, 만덕산, 내장산 등을 다니는 때에는 항상 시봉하였으며, 구간도실·총부 대각전·지방의 각 교당을 건축할 때에 주로 감독하였다.   276

유건(劉巾, 1880~1963) 본명은 성국成國, 법호는 칠산七山, 법훈은 종사宗師. 전라남도 영광에서 태어나 대종사 보다 11살 많은 외숙부로 동학東學에 들어가 활동하다가 대종사의 제자가 된 9인의 표준제자 중 한 사람이다. 대종사 앞에 앉을 때에는 반드시 무릎을 꿇고 앉으며 제자의 도리에 조금도 어긋남이 없었다. 277

유성국七山 ➡ 유건劉巾(277p) 54

유장순(柳壯順, 1923~2016) 본명은 경순敬順, 법호는 한타원閑陀圓 법훈은 대봉도大奉道. 전라북도 완주에서 태어나 이성신의 연원으로 입교하여 원기26(1941)년 출가하였다. 그의 출가는 유씨 집안이 원불교에 귀의하고 동생인 유성일을 비롯하여 여러 사람이 출가하는 계기가 되었다. 206

유혜설(柳慧說, 1883~?) 본명은 찬경. 전라남도 영광군 불갑 사람으로 원기25(1940)년에 이귀생 교무의 연원으로 입교하여 익산총부에 와서 채소밭의 책임자로 근무하였다. 205

육조 대사(六祖大師, 638~713) 중국 당나라 시대의 선승인 혜능慧能. 선송禪宗 제6조이자 남종선南宗禪의 시조. 법문집으로『육조단경』이 있다. 87

이경순(李敬順, 1915~1978) 본명은 경화慶和, 법호는 항타원恒陀圓, 법훈은 종사宗師. 경상북도 김천에서 태어나 부친 이춘풍을 따라 전라북도 부안 변산 초입으로 이사하여 대종사의 가르침을 받기 시작하였다. 원기14(1929)년 출가하여 대종사로부터 '사기邪氣가 떨어진 도인'이란 칭찬을 받았다. 74

이공주(李共珠, 1896~1991) 본명은 경자慶子, 법호는 구타원九陀圓, 법훈은 종사宗師. 서울에서 태어나 원기9(1924)년 대종사를 만나 제자가 된 후 법문 수필에 탁월한 역량을 발휘하여 법낭(法囊, 법주머니)이라는 별호를 받았다. 원기17(1932)년 출가하여, 대종사·정산 종사·대산 종사를 수위단 중앙으로 보필하며, 교서발간과 각 기관의 창립과 후원을 하였다. 64, 218, 231

이동안(李東安, 1892~1941) 본명은 형천亨天, 법호는 도산道山, 법훈은 대봉도大奉道. 전라남도 영광에서 태어나 원기2(1917)년 대종사를 만나 귀의하여 대종사의 지시에 따라 향리에 묘량수신조합을 설립하여 마을의 경제적 자립을 세우도록 하였다. 원기8(1923)년 출가하여 교단 창립과정에 있어서 사업계의 큰 공적을 남겼으며, 함평이씨의 문중에서 수많은 전무출신을 배출하였다. 278

이동진화(李東震華, 1893~1968) 본명은 경수慶洙, 법호는 육타원六陀圓, 법훈은 종사宗師. 경상남도 함양에서 태어나 이 왕가李王家의 종친과 결혼하여 생활하다가 원기9(1924)년 대종사의 처음 상경 시에 귀의하였다. 자신의 수양채를 희사하여 서울교당이 창설되었고, 원기18(1933)년 출가하여 자애로운 인품으로 후진들을 지도하였다. 63

이만갑(李萬甲, 1879~1961) 본명은 원순元順, 법호는 완타원完陀圓. 전북도 전주에서 태어나 결혼하여 김제에 살면서 불교와 태을도를 믿었다. 원기4(1919)년 김제 금산사에서 대종사의 법문을 받들고 공양을 올리며 제자가 되었다. 그 후 변산 봉래정사를 내왕하며 대종사께 신성을 바쳤으며, 철저한 수행으로 일관하였다. 204

이만선화(李萬善華, 1880~1936) 전라북도 고창에서 태어나 결혼하여 익산군 북일면에 살았다. 원기12(1927)년 이대교의 연원으로 입교하여 익산총부로 법회를 다니며 총부에서 열리는 정기훈련을 받으면서 공부와 사업에 성심을 다하였다. 138

이성신(李聖信, 1922~2012) 본명은 옥례玉禮, 법호는 성타원聖陀圓. 법훈은 종사宗師. 전라남도 영광에서 이동안의 4녀로 태어나 대종사로부터 전무출신을 권유받고 원기 24(1939)년 출가하였다. 정읍·광주·대전·대구·군산교당 등에서 활발한 교화활동으로 인하여 많은 연원 교당과 전무출신을 배출하였다.   206

이순순(李旬旬, 1879~1945) 본명은 인명仁明, 법호는 이산二山, 법훈은 종사宗師. 전라남도 영광에서 태어나 대종사보다 12살 연상으로 구도시절부터 도움을 준 대종사의 9인 표준제자 중 한 사람이다. 방언공사와 법인기도를 함께 하며, 기상이 활달하고 온순 다정하여 어려운 일마다 두루 화합하게 하였다.   279

이완철(李完喆, 1897~1965) 본명은 형중亨中, 법호는 응산應山, 법훈은 종사宗師. 전라남도 영광에서 태어나 원기9(1924)년 친형 이동안의 인도로 귀의하여 원기15(1930)년 출가하였다. 서울교당 교화의 기틀을 다졌고, 정산 송규·대산 김대거 두 종법사를 보필하면서 후진들의 어버이로 존경을 받았다.   73, 204

이원화(李願華, 1884~1964) 본명은 봉순奉順, 법호는 사타원四陀圓, 법훈은 종사宗師. 대종사 구도에서 깨달음에 이르기까지 정성을 다하여 시봉하고 후원히였다. 대종사의 내각 후에는 여성으로서 첫 제자와 첫 전무출신으로 영산교당에서 40여 년간 주재하며 교당 발전과 영산지역의 어머니 역할을 하였다.   60

이인명 ➡ 이순순李旬旬(279p)   54

이재철(李載喆, 1891~1943) 본명은 재풍載馮, 법호는 일산一山, 법훈은 종사宗師. 전라남도 영광에서 태어난 동학 접주의 아들로 대종사의 제자가 된 9인의 표준제자 중 한 사람이다. 저축조합과 방언공사, 익산총부 건설에 이르기까지 초창기 교단의 외교업무를

주로 담당하며 경제기반 확립에 기여하였다.　　　　　　　　　279

이재풍李載馮 ➜ 이재철李載喆(279p)　　　　　　　　　49, 54, 55

이차돈(異次頓, ?~527) 신라 법흥왕 때 사람으로 성은 박씨朴氏이다. 불교의 공인을 받기 위해 스스로 순교殉敎를 청하고, 만일 부처가 있다면 자기가 죽은 뒤에 반드시 이적이 있으리라 예언하였다. 예언대로 이적이 일어나자, 신하들이 모두 불법에 귀의하였고, 불교가 공인되었다.　　　　　　　　　97

이춘풍(李春風, 1876~1930) 본명은 지영之永, 법호는 훈산薰山. 경상북도 김천에서 태어나 원기6(1921)년 고모부 송벽조의 인도로 대종사의 제자가 되어 그해 겨울 가족과 전라북도 부안 변산 초입으로 이사하였다. 대종사가 하산하자 사가를 봉래정사로 옮겨 수호하였으며, 원기10(1925)년 출가하여 여선원女禪員 교무 등을 역임하였다.　　199

이호춘(李昊春, 1902~1966) 본명은 재천載天, 법호는 항산恒山. 전라남도 영광에서 태어나 이동안의 인도로 귀의하여 원기13(1928)년 출가하였다. 지나친 정진으로 건강을 잃어 원기18(1933)년 사가로 돌아가 신흥교당 발전과 이흥사驪興寺 터를 매입하여 과수원을 개설하는데 헌신하였다.　　　　　　　　　195

일지一持 ➜ 정일지丁一持(282p)　　　　　　　　　171

장식將植 ➜ 박장식朴將植(273p)　　　　　　　　　75, 225

전명철행(全明哲行, 1876~?) 본명은 명덕明德, 법호는 자타원慈陀圓. 경상남도 함양에서 태어나 남원에서 살며 정형섭의 인도로 입교하였다. 어려서 부모를 여의고 자선과 공익에 이바지할 것을 서원해 오던 중 대종사의 타자녀교육 법문을 받들고 고아들을 집으로 데려다가 보호 양육하였다. 76

전삼삼(田參參, 1870~1948) 법호는 성타원成陀圓. 전라북도 진안에서 태어나 최도화의 인도로 원기7(1922)년 귀의하였고, 대종사의 뜻에 따라 전주로 이사하자 불법연구회 창립발기인 모임을 그의 집에서 가졌다. 아들 전음광이 출가하자 총부에 사가를 신축하여 이사하고, 매사를 공경恭敬으로 일관하였다. 73

전음광(全飮光, 1909~1960) 본명은 세권世權, 법호는 혜산惠山. 법훈은 대봉도大奉道. 전라북도 진안에서 태어나 원기9(1924)년 모친 전삼삼의 인도로 대종사에게 귀의하여, 은부자의 결의를 하고 출가하였다. 각종 초기교서와 「월말통신」·「회보」 등의 편집·발행에 앞장섰으며, 일제의 탄압정책에 교단의 방패 역할을 하였다. 221

정산鼎山 ➡ **송규**宋奎(275p) 125, 177, 222, 226

정산 종사鼎山宗師 ➡ **송규**宋奎(275p) 212

정삼리화(鄭三离火, 1876~1958) 법호는 경타원敬陀圓. 부군인 이춘풍이 대종사의 제자가 되어 가까이에서 모시고자 하자 가족과 함께 경상북도 김천에서 전라북도 부안 변산 초입으로 이사하였다. 그 후 변산 봉래정사를 내왕하는 대종사를 시봉하였다. 281

정양선(丁良善, 1914~1986) 본명은 연홍連弘, 법호는 덕타원德陀圓. 법훈은 대봉도大奉道. 전라남도 영광에서 정일지의 장녀로 태어나 원기17(1932)년 총부를 찾아 입선훈련에 필요한 경비를 마련하기 위해 고무공장에 다니며 주경야독하였다. 원기19(1934)년에 출가하여 교화계와 자선계에서 근무하였다. 207

정일지(丁一持, 1892~1970) 본명은 사인土仁, 법호는 충산忠山. 전라남도 영광에서 태어나 원기15(1930)년 서울 창신동 서울교당에서 대종사를 만나 뵙고 제자가 되어 출가 후, 총부농원·만덕산농원·수계농원 등에서 봉직하였다. 나선·양선·광훈·양진 등 4자녀를 출가하도록 하였다.   73

조두은(趙頭恩, 1935~1992) 법명 겸 본명. 의산 조갑종의 장남으로 익산총부에서 태어나 유년기와 청소년기를 총부에서 생활하였다. 원광대학교 원불교학과를 졸업하고 원광상업여자고등학교 등 교립학교에서 근무하였다.   282

중촌건태랑中村健太郎 조선총독부에서 종교에 대한 감시와 검열을 위촉받은 촉탁(囑託, 임시로 어떤 일을 맡아보는 사람)으로 불법연구회와 대종사를 감사하였으나 대종사에게 감복하여 일제의 탄압을 모면할 수 있도록 도움을 주고, 광복 후에는 서울 남산의 약초관음사를 원불교에서 인수할 수 있도록 도움을 주었다.   223

창기昌基 ➔ 박창기朴昌基(273p)   74, 225

최 선생崔先生 ➔ 최제우崔濟愚(282p)   194, 195

최제우(崔濟愚, 1824~1864) 동학·천도교의 창시자, 호는 수운水雲, 경상북도 경주에서 태어나 무극대도의 계시를 받아 그 도를 '동학東學'이라 부르며 사람들에게 가르쳤다. 관청에서 사교로 혹세무민한다는 죄를 씌워 참형하였다.   282

팔산八山 ➔ 김광선金光旋(268p)   39, 40, 176

하촌河村 일본명 가와무라 마사미(河村正美). 일제 강점기의 이리경찰서장을 1년 반 역

282 대종경 선외록

임하였다. 대종사를 매우 존경하여 일제의 탄압에 대한 대비책을 일러주는 등 여러모로 도움을 주었다. 223

혜가(慧可, 487~593) 중국 남북조시대의 낙양 사람으로 달마에게서 의발衣鉢을 받고 최상승最上乘의 법을 받은 중국 선종의 제2조. 달마의 제자가 되었을 때, 눈 속에서 왼팔을 절단하면서까지 도를 구하는 성심을 보였던 전설로 유명하다. 159

환두煥斗 ➡ 박제중朴濟衆(273p)   198

황 순사黃巡査 ➡ 황이천黃二天(283p)   216, 217, 218

황이천(黃二天, 1910~1990) 본명은 가봉假鳳, 법호는 붕산鵬山. 전라북도 완주에서 태어나 일제 강점기 이리경찰서 등에서 근무한 순사. 원기21(1936)년 익산총부 구내에 신설된 북일주재소에 파견되어 5년간 불법연구회를 사찰하였다. 대종사의 덕화에 감화되어 '이천二天'이라는 법명을 받고 여러 방면으로 도움을 주었다. 218, 224, 225

황정신행(黃淨信行, 1903~2004) 본명은 온순溫順, 법호는 팔타원八陀圓, 법훈은 종사宗師. 황해도 연백에서 태어나 원기20(1935)년 입교하여 교단 경제에 많은 후원을 하였다. 원기26(1941)년 익산총부 구내에 고아들을 양육하며, 기관으로「자육원」설립을 추진하였으나 일경의 방해로 취소되었다. 광복 후「한국보육원」등을 운영하였다. 76

○ 참고자료

원불교 교고총간, 원불교대사전, 원불교용어사전, 원불교제1대유공인역사, 원불교법훈록, 원불교입문서, 원불교초기교단의 인물, 한국콘텐츠진흥원 용어사전, 국립국어원 표준어대사전, 다음사전, 네이버사전 등.

주석 **대종경 선외록**

인쇄	2017년 6월 21일 초판 1쇄 인쇄
발행	2017년 6월 28일 초판 1쇄 발행
편저	범산 이공전
주석	서문 성
펴낸이	주영삼
책임편집	천지은
디자인	김지혜
인쇄	원광사
펴낸곳	원불교출판사
출판신고	1980년 4월 25일 (제1980-000001호)
주소	전라북도 익산시 익산대로 501
전화	063)854-0784
팩스	063)852-0784

www.wonbook.co.kr

값 15,000원

ISBN 978-89-8076-296-5 (03200)

잘못 만들어진 책은 구입처나 본사에서 교환해 드립니다.